ସ୍ତ୍ରୀଲୋକ

(କବିତା ସଂକଳନ)

ସ୍ତ୍ରୀଲୋକ

ଗିରିବାଳା ମହାନ୍ତି

BLACK EAGLE BOOKS
2021

BLACK EAGLE BOOKS

USA address:
7464 Wisdom Lane
Dublin, OH 43016

India address:
E/312, Trident Galaxy, Kalinga Nagar,
Bhubaneswar-751003, Odisha, India

E-mail: info@blackeaglebooks.org
Website: www.blackeaglebooks.org

First Edition: 1990

First International Edition Published by
BLACK EAGLE BOOKS, 2021

STREELOKA
by **Giribala Mohanty**
email: mgiribala@gmail.com

Copyright © Giribala Mohanty

All rights reserved. No part of this publication may be reproduced, stored in a retrieval system, or transmitted, in any form or by any means, electronic, mechanical, photocopying, recording or otherwise without the prior permission of the publisher.

Cover & Interior Design: Ezy's Publication

Front cover & Back cover photo: **Ratikanta Patro**
Email: ratikantapatro@gmail.com

ISBN- 978-1-64560-223-1 (Paperback)

Printed in the United States of America

I do not intend to suffer my self, not to avoid emotions
and difficulties. I do not care whether I have a longer
or shorter time. The world concerns me only in so
far as I feel a certain debt towards it, because I have
walked on this earth for xxx years and out of gratitude
I want to leave some souvenir.

'Dear Theo' by Irving Stone.

ନିଜକଥା

ଠିକ୍ ମୁଖବନ୍ଧ ନୁହେଁ, 'ସ୍ତ୍ରୀଲୋକ' କବିତା ସଂକଳନ ସମ୍ପର୍କରେ କେତୋଟି କଥା କହିବାର ଅଛି। କାରଣ ଏ ବହି ପ୍ରଥମେ ପ୍ରକାଶ ପାଇଲା ବେଳକୁ ସେସବୁ କଥା କହିବା ସମ୍ଭବ ହୋଇନଥିଲା। 'ସ୍ତ୍ରୀଲୋକ'ର ପ୍ରଥମ ପ୍ରକାଶକ ଶ୍ରଦ୍ଧେୟ ସ୍ୱର୍ଗତ ସହଦେବ ପ୍ରଧାନ କାର୍ଯ୍ୟାନ୍ତରରେ ଥରେ ଶାନ୍ତିନିକେତନ ଆସିଥିଲେ ଓ ବିଭାଗୀୟ ମୁଖ୍ୟ ପ୍ରଫେସର ଖଗେଶ୍ୱର ମହାପାତ୍ର ତାଙ୍କ ସହ ମୋର ପରିଚୟ କରାଇ ଦେଇଥିଲେ। ଶାନ୍ତିନିକତେନରୁ ଫେରିଗଲା ବେଳେ ସେ ମୋତେ ଅନୁରୋଧ କରିଗଲେ ପାଣ୍ଡୁଲିପିଟିଏ ପଠାଇବା ପାଇଁ ଓ ମୁଁ କିୟତ୍‌କାଳ ପରେ ପଠାଇ ମଧ୍ୟ ଥିଲି, ଯାହାର ପ୍ରକାଶରୂପ ୧୯୯୦ ମସିହାର ଫ୍ରେଣ୍ଡସ୍ ପବ୍ଲିଶର୍ସ କୃତ 'ସ୍ତ୍ରୀଲୋକ'– ମୋର ତୃତୀୟ ପ୍ରକାଶିତ କବିତା ସଂକଳନ ଓ ସହଦେବ ବାବୁଙ୍କ ମତରେ ଏହା ହିଁ ଓଡ଼ିଆ କବିତାରେ ନାରୀବାଦୀ ସ୍ୱରର ପ୍ରଥମ ବିଧିବଦ୍ଧ ଉଚ୍ଚାରଣ। ବହିଟିର ଚାହିଦା ଦେଖି ପରବର୍ତ୍ତୀ ସମୟରେ ପ୍ରକାଶକ ପ୍ରସ୍ତାବ ଦେଇଥିଲେ ଯେ ତାହାର ଦ୍ୱିତୀୟ ସଂସ୍କରଣ ହେବ ଓ 'ମୁଖବନ୍ଧ'ଟିଏ ପଠାଇବା ପାଇଁ। ମୁଁ ଅଚିରେ 'ପୃଷ୍ଠବନ୍ଧ'ଟିଏ ପଠାଇଥିଲି। ସେତେବେଳକୁ ସହଦେବବାବୁ ଅସୁସ୍ଥ, ଶଯ୍ୟାଶାୟୀ। ମାତ୍ର ତା' ଭିତରେ ବହିର ଦ୍ୱିତୀୟ ସଂସ୍କରଣ ଓ ପୃଷ୍ଠବନ୍ଧ ଟ୍ରାନ୍ସପରେଣ୍ଟ ସିଟ୍ ପ୍ରସ୍ତୁତି ଶେଷ ହୋଇଥିବା ଦେଖି ଆସିଥିଲି। ପରେ ପ୍ରକାଶକଙ୍କ ଦେହାନ୍ତ ହୁଅନ୍ତେ ବହିଟି ଦ୍ୱିତୀୟ ସଂସ୍କରଣ ପ୍ରକାଶର ଆଲୋକ ଦେଖିବାରୁ ବଞ୍ଚିତ ହେଲା।

ଏବେ ପ୍ରାୟ ୩୧ ବର୍ଷ ପରେ ଆନ୍ତର୍ଜାତିକ ପ୍ରକାଶନ ସଂସ୍ଥା ବ୍ଲାକ୍ ଇଗଲ ବୁକ୍‌ସର ପ୍ରକାଶକ ଶ୍ରୀଯୁକ୍ତ ସତ୍ୟ ପଟ୍ଟନାୟକ ବହିଟିର ଲାଳନ ଦାୟିତ୍ୱ ନେଇଥିବାରୁ ମୁଁ କୃତଜ୍ଞ।

'ସ୍ତ୍ରୀଲୋକ' ସମ୍ପର୍କରେ ମୋର ଆଉ ଖାସ୍ କିଛି କହିବାର ନାହିଁ। ବାଇବେଲରେ ଗୋଟିଏ ବିଶେଷ କଥାର ଉଲ୍ଲେଖ ରହିଛି ଯାହା ମୋତେ ଚିରକାଳ ପ୍ରେରିତ କରି ଆସିଛି। କଥାଟି ହେଲା, "unless ye became thee, ye cannot understand"- ଯେ ଯାଏଁ 'ତୁମେ' 'ସିଏ' ହୋଇ ନ ଯାଇଛ, 'ତୁମେ' ବୁଝିପାରିବ ନାହିଁ! ସାଦା କଥାରେ କହିଲେ, ତଦାତ୍ମ୍ୟ ନହେଲେ କୌଣସି ବିଷୟ ସହଜଗମ୍ୟ ହୁଏ ନାହିଁ। ମୁଁ ଗାଁରେ ଜନ୍ମିଥିଲି। ଖୁବ୍ ସାନଦିନେ ଦେଖିଛି ବୋହୂଟିଏ- ସେ ଆଈ କି ଜେଜେମା, ମା' କି ମାଉସୀ ବୟସ ଯାହା ହଉ ସେ ଯଦି ବିବାହିତା, ସଧବା, ତେବେ ସେ ଗୃହସ୍ଥଳୀର ସକାଳର କାମ ପାଇଟି ସାରି ସ୍ନାନାନ୍ତେ ଖାଦ୍ୟ ଗ୍ରହଣ ପୂର୍ବରୁ ପ୍ରଥମେ 'ପାଦୁକପାଣି' ପାଏ। ଆଜି ଅନେକେ

ପାଦୁକପାଣି କ'ଣ ଜାଣି ନଥିବେ । ସେମାନଙ୍କ ଅବଗତି ନିମନ୍ତେ କହିରଖେ ଯେ ଗୋଟିଏ ସାନଗିନାରେ ଗିନାଏ ପାଣିରେ ସ୍ୱାମୀ ବା ଶ୍ୱଶୁର ବା ଶାଶୁ ତାଙ୍କ ପାଦର ବୁଢ଼ା ଆଙ୍ଗୁଠି ବୁଡ଼ାଇ ଯେଉଁ ପାଣିକୁ ରଖନ୍ତି, ସେଇଟି ପାଦୁକ ପାଣି । ବିବାହିତା ସ୍ତ୍ରୀ ଲୋକଟି ପ୍ରଥମେ ସେ ପାଣି ନ ପିଇ ଯଦି ଖାଦ୍ୟ ଗ୍ରହଣ କରେ, ତେବେ ପାପ ହୁଏ । ସେଥିପାଇଁ ସ୍ୱାମୀ, ଶ୍ୱଶୁର ବା ଶାଶୁ ନିଜ ନିଜର କର୍ମସ୍ଥଳୀକୁ ବା କାର୍ଯ୍ୟାନ୍ତରରେ ବାହାରକୁ ଯିବା ପୂର୍ବରୁ ସ୍ତ୍ରୀ ଏ ପାଣି ରଖି ନ ନେଇଥିଲେ ସେଦିନ ସେମାନଙ୍କ ଭିତରୁ କେହିଜଣେ ନ ଫେରିବା ଯାଏଁ ତାକୁ ଉପାସ ରହିବାକୁ ପଡ଼େ ।

କାହିଁକି କେଜାଣି ଆମ ଘରେ ଏ ପ୍ରଥା ନଥିଲା । ହୁଏତ ଧନୀ, ଶିକ୍ଷିତ ପରିବାର ବୋଲି ବା ମୋର ମା' ଇ ନଥିଲା ବୋଲି ବା ଆମ ଘରେ କେହି ସ୍ତ୍ରୀ ଲୋକ ନଥିଲେ ବୋଲି । ମୁଁ ଚତୁର୍ଥ ଶ୍ରେଣୀରେ ପଢ଼ିବା ବେଳକୁ ମୋର ବଡ଼ଭାଇ ବାହାହୋଇ ଆସିଲେ; ଭାଇଭାଉଜ ଦୁହେଁ ଉଚ୍ଚଶିକ୍ଷିତ । ମୋ ଭାଉଜ କିନ୍ତୁ ମୋ ବାପା ବା ଭାଇଙ୍କର ପାଦୁକପାଣି ପିଇବା ମୁଁ କେବେ ଦେଖିନାହିଁ । ହୁଏତ ଘରକୁ ଘର ବା ଜାତିକୁ ଜାତି ଏ ପ୍ରଥାର ବ୍ୟବଧାନ ଥିବ । ତେବେ ଆମ ଅଞ୍ଚଳର ଅଧିକାଂଶ ପରିବାରରେ ଏ ବ୍ୟବସ୍ଥା ଥିଲା ଓ ମୋର ସ୍କୁଲପଢୁଆ ପିଲାମନ ଏ ବ୍ୟବସ୍ଥା ଦେଖି ଘୃଣାରେ ସଂକୁଚିତ ହେଉଥିଲା । ଦାଣ୍ଡ ପହଣ୍ଡ, ବିଲ ବାଡ଼ି, ହାଟବାଟକୁ ଖାଲିପାଦରେ ଯାଉଥିବା ଲୋକର ପାଦୁକପାଣି ! ତାକୁ ନ ପିଇବା ଯାଏଁ ଖାଡ଼ା ଉପାସ ! ! ଅନାହାର ! ! ବୋହୂଟି ଯଦି ପିଲାଲୋକ ତେବେ ତା'ର ଅବସ୍ଥା 'ଗାଉଣୀ ଗାଇବ' !

ମୁଁ ଝିଅପିଲା ହେଇ ଜନ୍ମିଛି । ବଡ଼ହୋଇ ମୁଁ ବି 'ସ୍ତ୍ରୀଲୋକ'ରେ ରୂପାନ୍ତରିତ ହେଲି- ପାଠଶାଠ ଚାକିରି, ଆଜନ୍ମ ଆର୍ଥିକ ସ୍ୱାଚ୍ଛନ୍ଦ୍ୟ, ସାମାଜିକ ସ୍ୱାଚ୍ଛନ୍ଦ୍ୟ ! ତା' ସତ୍ତ୍ୱେ ମୁଁ କିନ୍ତୁ ଝିଅପିଲା- ସେଦିନର ସେ ସବୁ ଝିଅ, ସ୍ତ୍ରୀଲୋକ, ମହିଳାଙ୍କ ଦୁଃଖ ମୋତେ ଛୁଉଁଥିଲା; ଭାବୁଥିଲି ସେ ପ୍ରଥା ଘରେ ନାହିଁ, ମୋ ଭାଉଜ ପ୍ରତି ସେ ପ୍ରଥା ଲାଗୁ ହୁଏ ନାହିଁ- ବାକିମାନଙ୍କୁ, ମୋ ବାଲ୍ୟବାନ୍ଧବୀମାନଙ୍କୁ ଲାଗୁହୁଏ କାହିଁକି ?

ମୁଁ ଝିଅଟିଏ ହୋଇଥିବାରୁ ସମାଜରେ ସ୍ତ୍ରୀଲୋକଙ୍କର ସ୍ଥିତି, ମୋ ନିଜର କର୍ମମୟ ଜୀବନର ପରିସର ମଧ୍ୟରେ ମୋ ନିଜର ସ୍ଥିତି, ଏସବୁକୁ ହେଜିଲା ଭଳି ବୁଦ୍ଧିବୃତ୍ତି ମୋ ଶିକ୍ଷା ମୋତେ ଦେଲା । ତାରି ଭିତରେ ମୁଁ ଯେଉଁ ମାନସିକ ସ୍ୱାଚ୍ଛନ୍ଦ୍ୟ ଆୟତ୍ତ କଲି ଓ 'ye' ରୁ ଯାଇ 'thee' କୁ ବୁଝିବାକୁ, ସେ ଜାଗାରେ, ସେ ସ୍ଥିତିରେ ନିଜକୁ ରଖି ସେ ଅବସ୍ଥାକୁ ହୃଦୟଙ୍ଗମ କରିବାକୁ ଚେଷ୍ଟା କଲି ।

ହୁଏତ ଏ ସବୁର ପରିଣତି ହିଁ 'ସ୍ତ୍ରୀଲୋକ' ।

ମୁଁ ଜୀବନ ଦେବତାଙ୍କଠାରେ କୃତଜ୍ଞ ଯେ ମୋତେ 'ye''ରୁ 'thee'ରେ ଅନ୍ତର୍ଲୀନ ତତାତ୍ମ୍ୟ ହେବାର କାଣିଚାଏ ସାମର୍ଥ୍ୟ ଦେଇଛନ୍ତି ।

ଶାନ୍ତିନିକେତନ **ଗିରିବାଳା ମହାନ୍ତି**

୧୨.୧୧.୨୦୨୧

ସୂଚିପତ୍ର

ସ୍ତ୍ରୀଲୋକ-୧	୧୩
ସ୍ତ୍ରୀଲୋକ- ୨	୧୫
ସ୍ତ୍ରୀଲୋକ- ୩	୧୭
ସ୍ତ୍ରୀଲୋକ- ୪	୧୮
ଅପର ଈଶ୍ୱର	୨୦
ଜହ୍ନରାତି ଝଲିଗଲା	୨୨
କାଲି ରାତି ଶେଷ ରାତି ଥିଲା	୨୪
ଜହ୍ନରାତି	୨୫
ସ୍ୱାଧିକାର ପ୍ରମତ୍ତ	୨୭
ଏମିତି ଡାକିବ ନାଇଁ	୨୯
ପରୀକ୍ଷା କରନା	୩୧
ଗୋଟିଏ ଜୀଇଁବା ପାଇଁ	୩୩
ଏମିତି ଡାକିଦେଲ ଯେ	୩୪
ମେଘଦୂତ	୩୬
ପିଙ୍ଗଳାର ପ୍ରାର୍ଥନା	୩୮
ମୁକ୍ତିର ଅପେକ୍ଷାରେ	୪୦
ଚିହ୍ନି ଦେଇପାରିବ ଯେ	୪୨
ମୁଁ ବୋହିଯାଆନ୍ତି କ୍ରମେ	୪୪
ସମୟ ସବୁ ଅହଂକାର	୪୬
ଯାପରେ ଫୁଲଗଛ	୪୮
ତୋର ଭୟ କଣରେ	୫୦
ଇଥିଓପିଆରୁ କୋରାପୁଟ	୫୨
ବିରହ	୫୫
ତିତିକ୍ଷା	୫୭

ଶାନ୍ତିନିକେତନରେ ଦୋଳ	୫୯
ଖୁସିର ଚଢ଼େଇ, ତାର	୬୧
ମେ ମାସ ଅଠର ତାରିଖ	୬୩
ମୋ ପୃଥିବୀ କିନ୍ତୁ ତବ	୬୫
ଭଡ଼ାଘର	୬୭
ମୋତେ ପୂର୍ଣ୍ଣତା ଦିଅନାହିଁ	୬୯
ବନ୍ଧୁର ଉଦାସ ମନ	୭୧
ତୁମ ରୋଗଶଯ୍ୟା ପାଶେ	୭୨
ସ-ସେ-ମି-ରା	୭୩
ଗୋଟିଏ ସହଜ ମୃତ୍ୟୁ	୭୫
ଠିକ୍ ଠିକଣା ନାଇଁ	୭୭
ସ୍ୱଭାବୋକ୍ତି	୭୯
ସିଲଂ	୮୧
ମୁକ୍ତିର ଦାସତ୍ୱ	୮୩
ଖବରାଖବର	୮୪
ସୂର୍ଯ୍ୟାସ୍ତ	୮୬
✓ ଯୁଧିଷ୍ଠିର ମହାନ୍ତି	୮୭
ଜୀବନ ସଙ୍ଗୀତ	୮୮
ପୃଥିବୀ ତୁମରିଠାରେ ଶେଷ ନହୋଇ	୯୦
ମୁଁ ସଦା ଅମର ରହେଁ	୯୧
ମଣିକା ପ୍ରିୟସଖୀ	୯୨
ସାମାଜିକତା	୯୫
ରୂପକଥା	୯୬
ଦେଖ ଦେଖ ସ୍ମୃତିମାନେ	୯୮
ଭାରତବର୍ଷ	୯୯
ଏଥର ବନ୍ଧୁରେ	୧୦୧
ସହଜ ପ୍ରଶ୍ନ	୧୦୨
ତିନୋଟି କବିତା	୧୦୩
ବିଜନତାର ଗୀତ	୧୦୪
କିଏ କହୁଥିଲା	୧୦୬
ଅଦିନ ମେଘ	୧୦୮

ସାଙ୍ଗରେ ନଥିବ ଭାଇ	୧୦୯
ଏଠାରେ ସମସ୍ତ ରତ୍ନ	୧୧୦
କୁହ ତ ଏମିତି ଗୋଟିଏ ଫୁଲର ନାଁ	୧୧୧
ଭଲ ତ ଥିଲୁ ମୂଢ଼	୧୧୨
ଗୋଟିଏ ଦିନାନ୍ତ	୧୧୪
କାଳିଝିଅ ଜନ୍ମା ଜାଣେନାଇଁ	୧୧୫
ସ୍ରୋତକୁ କହିଲି	୧୧୭
ଗରିଲା	୧୧୮
ଶେଷ କବିତା	୧୨୦
ଜାଣେ କ୍ଷମି ଶେଷବେଳେ	୧୨୨
ସହଜ ସଙ୍ଗୀତ	୧୨୩
କହୁଛ ତୁମ କାବ୍ୟ	୧୨୪
ଚର୍ଯ୍ୟା	୧୨୫
ଭଲ ପାଇବାର ପ୍ରାଣ	୧୨୭
ପ୍ରତିବଦଳରେ କିନ୍ତୁ...	୧୨୮
ଜୱାନ	୧୨୯
କବିତା	୧୩୦
ଆକାଶ ପଥରୁ ପୃଥିବୀ	୧୩୧
ବୀର ଭୋଗ୍ୟା	୧୩୩
ଆଶା ସେତ ବାରନାରୀ	୧୩୪
ସୁହୃଦ୍, ସବୁଦ୍ୱାର...	୧୩୫
ଅନୁକୂଳ ସମୟ	୧୩୭

ସ୍ତ୍ରୀଲୋକ-୧

ଝିଅ ପିଲାର ଦୁଃଖ ଗୋଟେ କଣ ?
ଯାହା ସହ ଜନ୍ମ ହେଲ, ବଢ଼ିଲ, ବାଟ ଚାଲିଲ, ଜୀଇଁଲ,
ମରିବ ଯାହା ସହ - ତାକୁ ଭୟ ଗୋଟେ କଣ ?
ତାକୁ ନେଇ ଏତେ ଖୋଳତାଡ଼ କାହିଁକି ?
ଝିଅପିଲାର ଦୁଃଖ ଗୋଟେ କଣ ଯେ
ତା'କୁ ନେଇ ଚହଲ ପଡ଼ିଛି !!

ଛାର ସ୍ତ୍ରୀଲୋକଟା -
ଏତେ ଆଶା ଆକାଂକ୍ଷା ଗୋଟେ କଣ !
ଅମୁକର ଝିଅ, ସମୁକର ସ୍ତ୍ରୀ,
ସମୁକର ମା ହେଇ ରହିଚ, ରହିବ !
ସ୍ୱତନ୍ତ୍ର ନାଁ ଖୋଜା ଗୋଟେ କଣ ?

ଜନ୍ମ ହେଇଛ ସେଇ ଯଥେଷ୍ଟ !
ଏତେ ଭାବ-ଅଭାବ-ବୋଧ କି କଥା ?
ସ୍ତ୍ରୀଲୋକ ହେଇ ହୃଦୟ ଥରେଇବ !
-ପୂଜା ନବ, ସିଂହାସନ, ଖଟୁଲୀ
ଦିଆ ହେଇଚି, ବରଦବ, ସବୁଦବ-
ବର ପାଇବାର ଆଶା ପୁଣି କଣ ?
ସାଧାରଣ କାମନା ବାସନା ? - ସିଏ କି କଥା ?

ଦେବୀ ହୋଇ ରହିଥିବ
ସବୁବେଳେ ତିତିକ୍ଷାରେ ଉଦ୍‌ଭାସିତ -
ଖଡ୍‌ଗ ଖର୍ପର ଧରି ଅସୁର ନିଧନ କାଳରେ ବି
ସ୍ମିତ ଉଭାସିତ ଥିବ ମୁହଁରେ।
- କ୍ରୋଧ ଗୋଟେ କଣ ?
ଅଭିଶାପ କଣ ? ?

- ଏ ଘର ତୋର ନୁହେଁରେ ମାଣିକ,
ଏ ଘର ତୋର ନୁହେଁ ଯେ
ଯାହା ଚାହିଁବୁ ତା ପାଇବୁ -
ଚାହିଁବାର ସ୍ପର୍ଦ୍ଧାରେ ଉଭାସିତ ହବୁ। ତୁ ତ ଆଉ
ଆରଣ୍ୟର ନୁହଁ, ବଗିଚାର -
ବୋଗେନଭିଲା କି କାମିନୀ, କି ଯା' ହ'
ଡାହି ଯେପରି କାଟି ଦିଆଯିବ
ସେଇ ସାଇଜର ହେଇ ରହିବୁ,
ମନଇଛା ଡାହି ମେଲା ଏଠି ଚଳିବ ନାହିଁରେ ମାଣିକ!
ଯେପରି କୁହାଯିବ ଫୁଟିବୁ -
ଲାଲ ଫୁଟିବୁ କି ଧଳା କି ନାରଂଗୀ
ସେ ଚିନ୍ତା ତୋତେ କରିବାକୁ ଦଉଚି କିଏ ?

ଜୀଇଁବାକୁ ଯେ ଦିଆଯାଇଚି
ସେଇ କଣ ଯଥେଷ୍ଟ ନୁହେଁରେ ମାଣିକ!
- ତା'ପରେ ଫେର ନିଜ ଖୁସିରେ ସ୍ୱପ୍ନ ଦେଖିବୁ ?
କି ସ୍ପର୍ଦ୍ଧା!
ଛାର ସ୍ତ୍ରୀଲୋକଟା!!
ଦଳିଦେଲେ ନିଶ୍ଚିହ୍ନ ହେଇଯିବୁ!!

■

ସ୍ତ୍ରୀଲୋକ-୨

- ବିପ୍ରଲବ୍ଧାକୁ କିପରି କଣ ବୁଝାଇ ହବ ଯେ
ଯାହା ଦେଖିଲୁ ତାହା କେଉଁଠି କହିବୁ ନାଁଇ;
ଯାହା ମାଗିଲୁ ତାହା ପୁନଃ ପ୍ରକାଶ କରିବୁ ନାଁଇ !
- କିପରି କହିହବ ଯେ, ତୁ ତ
ସମାଜରେ 'ସେକେଣ୍ଡ ସେକ୍ସ',
ତୋର ପାଟିଫିଟାଇବାର ସ୍ୟୁ' ନାଁଇ...

- ହୋଇପାରେ ଯେ ତୋର ଓଠ ଖୋଲି ହେଇ ଜାଣେ
ମନ ଚିନ୍ତି ଜାଣେ, ହୃଦୟ ଜାଣେ ଦେଇନେଇ -
ତଥାପି ଚୁପ୍ ରହିବୁ; ଦେଖିବୁ ଶୁଣିବୁ
ହୃଦୟ ଖୋଲିବୁ ନାଁଇ ।
ବିଧୁନିତ ଶଙ୍କୁ, ସୁରଭିତ ଇଚ୍ଛାକୁ
ଲୁଚାଇ ରଖିବୁ ନିଜଠି;
ଆପଣା ଗନ୍ଧରେ ଆକୁଳ ହୋଇ
ପଛେ ଛାତି ଫାଟିଯାଉ
ମନ ଖୋଲିବୁ ନାଁଇ....!
ଯଦି ଖାମଖିଆଲୀ ଅଦିନ ମେଘପରି
ଅସ୍ତେ ବର୍ଷିଦେଇ ଉଦ୍‌କିତ ଭାବପ୍ରବଣତାରେ
ଭିଜାଇ ଦିଏ କେହି, ସ୍ନେହରେ ଶୁଭେଚ୍ଛା ଜଣାଏ, କି
ବାତ୍ୟାବତାସୀ ହେଇ ନୁଆଁଇ ଦିଏ ଶ୍ରଦ୍ଧାର ଶରବଣକୁ,

ଯଦି ନଈ ପାଣିକୁ ଚହଲାଇ ଦିଏ ସମୁଦ୍ର ଆଡ଼କୁ
ସେ ତାର ଦୟା....
- ତୁ କିନ୍ତୁ ତେବେବି ସ୍ଥିର ରହିବୁ
ନଈକୂଳର ପଥରପରି;
ଉଚ୍ଛୁଳି ଭାସି ଯିବୁ ନାଇଁ
ଚୁପ୍‌ଚାପ୍ ବସି ରହିବୁ ଦେବୀଟିଏ ହେଇ !

- ଉଚ୍ଛୁଳି ପଡ଼ିବାକୁ ଭାଙ୍ଗି ଟୁକୁରା ଟୁକୁରା ହେଇଯିବାକୁ
ଚାହୁଁଥିବା ବିପ୍ରଲବ୍‌ଧାକୁ କିପରି କଣ ବୁଝେଇବ ଯେ
ଚହଲି ଯାନାରେ, ତରଳିଯାନା,
ପଥର ହେଇଯା ତୁ
ଚିରନ୍ତନୀ ସନାତନୀ ହେଇଯା
ଏଠି ତୁ 'ସେକେଣ୍ଡ ସେକ୍‌ସ'
ଅହଲ୍ୟା ହବାପାଇଁ ଅକାରଣ
କଟାଳ କରନା !

ବିପ୍ରଲବ୍‌ଧାକୁ କେମିତି ବୁଝାଇ ହବଯେ

ଇତ୍ୟାଦି... ଇତ୍ୟାଦି.... ।।

■

ସ୍ତ୍ରୀଲୋକ-୩

ତୁମେ ରହଁ ମୋର ପ୍ରତ୍ୟେକ ଇଲାକା
ହେବ ତୁମର ଆବାଦୀ
ତୁମ ଅହଂକାରଠାରେ ନତଶିର
ବ୍ୟତିକ୍ରମେ
ତୁମେ ହେବ ଗତିର ଜାହାଜ
ମୁଁ ମୃତବନ୍ଦର
ଏବଂ ଅନାବାଦୀ ।

ତୁମ ଅହଂକାର ଦେଇ ମୋତେ
ଆୟତ୍ତ କରିବ
ଏତେଟା ସୁଲଭ ନୁହେଁ
ପ୍ରକୃତି ମୁଁ
ପ୍ରୀତିରେ ପରମ ତୁମ ମାତା ସମ
ଅନାଦରେ ପ୍ରଳୟର ସାକ୍ଷାତ୍ ମୂରତି ॥

ସ୍ତ୍ରୀଲୋକ-୪

ତୁମେ ଯୋଗମାୟା- ତଥାପି ତୁମେ ପ୍ରଥମା ନୁହଁ!
ପରମେଶ୍ୱର ଏକାକୀତ୍ୱ ପୀଡ଼ିତ ହେଲେ
ଓ ତାଙ୍କରି ଦ୍ୱିତୀୟ ନିମନ୍ତେ ଇଚ୍ଛାରୁ
ତୁମର ଜନ୍ମ

ତୁମେ ଚିରକାଳ ଦ୍ୱିତୀୟ
ଚିରକାଳ !!

ତୁମେ କର୍ତ୍ତା ନୁହଁ। ତୁମେ ଚିରକାଳ କର୍ମ।
କର୍ତ୍ତାର ଖୁସିରେ ତୁମର ଗତାଗତ
ଆତଯାତ ନିୟନ୍ତ୍ରିତ
ଚିରକାଳ।

ଆଶ୍ଚର୍ଯ୍ୟ।
ତୁମେ ନିଜେ ଯୋଗମାୟା
ପ୍ରକୃତି, ତୁମେ ମହାମାୟା
ସଂହାରିଣୀ।

ତୁମେ ସୃଷ୍ଟି, ସ୍ଥିତି, ପ୍ରଳୟର
ଅଧିଷ୍ଠାତ୍ରୀ
ସଂସାର ବୃକ୍ଷ ତୁମ ଯୋଗେ ଛୁଏଁ
ସ୍ୱର୍ଗମଞ୍ଚ

ତଥାପି....
ତୁମେ କେତେ ଅସହାୟ,
କେଡ଼େ ପରାଧୀନ !

କେଡ଼େ ଦୟନୀୟ ତୁମର ଏଠି
ଜୀବନ ଓ ଜୀଇଁବା !

ତୁମେ ଚିରକାଳ କର୍ମ
କର୍ତ୍ତାର ଅଧୀନ
ପରାଧୀନ
ଚିରକାଳ
ବାଲ୍ୟ, ଯୌବନ, ପ୍ରୌଢ଼ତ୍ୱ
ଅନ୍ୟର ଅନୁଶାସନଦ୍ୱାରା
ବିଭକ୍ତ, କ୍ରୀତ, ବି-କ୍ରୀତ !!

ତୁମେ ଚିରକାଳ ଦ୍ୱିତୀୟା,
ତୁମେ ଚିରକାଳ.... ।

■

ଅପର ଈଶ୍ୱର

ବଞ୍ଚିବାର କଳାକୁ କି ଚମତ୍କାର ଭାବରେ
ଆୟତ୍ତ କରିଛ !
ଅବାକ୍ ସୌଜନ୍ୟ ଭୂଷିତ କି ସୁନ୍ଦର
କୁଶଳ ଜିଜ୍ଞାସା କରିପାର !

ମାପିଚୁପି ହସ !
ଭଦ୍ର ପରିହାସ ମଉହୁଅ, କି ଚମତ୍କାର !
କି ନିପୁଣ ଭାବରେ ଅଧସ୍ତନକୁ ବୁଝିବାର
ଅବସର ଦିଅ- ତାର ସ୍ଥାନ କେଉଁଠି
ବଶୀଭୂତ କର ଉପରିକକୁ !
କି ଉଲ୍ଲାସରେ ବୈରୀର ଭାଗ୍ୟକୁ
ଭାଙ୍ଗ ଯୋଡ଼ !

ସାମାଜିକତାର କଳା କି ନିପୁଣ ଭାବରେ
ଆୟତ୍ତ କରିଛ ସତେ,
ମୁହାଁମୁହିଁ ପରମ ମିତ୍ରତାର ପ୍ରମାଦରେ ପଡ଼ିବ
ଚରମ ଶତ୍ରୁ !

ଆତ୍ମହତ୍ୟାର ଉପାୟ ଚିନ୍ତୁଥିବା ପରାଜିତ ସାମ୍ନାରେ
ସବୁଜାଣି

କିଛି ଅଘଟଣ ଘଟିନାହିଁ ଠାଣିରେ
ବଳିକୁ ପାତାଳକୁ ଋପୁଥିବା ବାମନ
ଅନାୟାସରେ ସ୍ମିତ ଉକୁଟାଅ,
କି ଦୁର୍ଲଭ ସ୍ଥିରରହ ସତେ -
ପ୍ରତାରିତ ପ୍ରେମିକା ବି ଦେଖି ଅଭିଶାପ ଭୁଲି
ବରଦା ପାଲଟିଯିବ !!

ଭିତରର ସବୁ ସାଧାରଣତ୍ୱକୁ ଖର୍ଚ୍ଚ କରିଦେଇ
ତୁମେ କେବେଠାରୁ
ଦେବତା ପାଲଟିଛ ?!

■

ଜହ୍ନରାତି ଗ୍ଭଲିଗଲା

ଜହ୍ନରାତି ଗ୍ଭଲିଗଲା କେନାଲର କୂଳେ କୂଳେ
ଉଆଁସ ପୁରୁଷ ସାଥେ ଅଭିସାର ରଚି ।
ତୁମପ୍ରଶ୍ନ ଅନ୍ଧାରରେ ଜିକିଜିକି ତାରା
ଉତ୍ତର ଅପେକ୍ଷା କରି
କେନାଲ ଜଳରେ ନେଲା ନିଜ ମୁହଁ ମାଜି ।

ପ୍ରଶ୍ନର ଉତ୍ତର ସବୁ ଜଣାଶୁଣା ।
ଜମାଅଛି ଏତେ ଯେ ଉତ୍ତର
ଉତ୍ତର ଅନୁପାତରେ ଅକୁଳାଣ ପଡ଼ି ପାରେ
ସମସ୍ୟା ତୁମର !

କିନ୍ତୁ ତୁମେ କଣ ବୁଝିବ ଯେ
କେଡ଼େ ଅସହାୟତାରେ ସମସ୍ତ ଉତ୍ତର
ରହେ ଆତ୍ମନିର୍ବାସିତ
ପର୍ଯ୍ୟାପ୍ତ ଅର୍ଥରେ ଶବ୍ଦ ଧନୀ ନୁହେଁ
ମୁଁ ବି ଧନୀ ନୁହେଁ ବୋହି ଶବ୍ଦର ଭଣ୍ଡାର
ଶବ୍ଦ ବି ନିଜର ନୁହେଁ-
ଖରାବେଳ ଗଛପରି ନିଜର ଛାଇକୁ
ଯେତେକର ରଙ୍କୁଣୀରତନ
କୋଳେ ଧରିଥାଅ,

ଛାଇକ୍ରମେ ବଡ଼ହବ, ଘୁଞ୍ଚିଯିବ,
ଏନ୍ତୁଡ଼ିରୁ କୁମ୍ଭର ଯେସନ।।

ଜୀଇଁବାର ଅର୍ଥାନ୍ତର ଶବ୍ଦର ଦାସତ୍ୱ!
ସାରାଟା ଜୀବନ ଗଲା ଶବ୍ଦର ଖଟଣି ଖଟି,
ତେବେହେଁ ଶବ୍ଦର ଡିଳେ ତଟିଲାନି ମନ
ଯେ, ଯେପରି ରହିଁବ ଜଣେ
ସେଇପରି ହବ ସେ ପ୍ରସନ୍ନ।

ତୁମେ ତ ପରମ ଧନୀ ଶବ୍ଦ ଶବ୍ଦାର୍ଥରେ।
ତୁମେ କଣ ବୁଝିବ ଯେ
କେଉଁ ଅସହାୟତାରେ
ଜଣା ଥିବା ସମସ୍ତ ଉତ୍ତର ରଚେ ଆତ୍ମ ନିର୍ବାସନ
ଆକାଶର ତାରା ଆଉ ଜଳର ତାରାର
ମଧ୍ୟରେ ଭାସ୍ୱର ରହେ କେଉଁ ବ୍ୟବଧାନ।

■

କାଲି ରାତି ଶେଷ ରାତି ଥିଲା

କାଲି ରାତି ଦେଖିଥିଲି ମୃତ୍ୟୁକୁ ସ୍ୱପ୍ନରେ
ମହିମା ଭୂଷିତ ରୂପ ଭୀମକାନ୍ତ
ବସିଥିଲା ମୋରି ଅପେକ୍ଷାରେ
ଗରବିଣୀ ପ୍ରିୟାପରି ଲୋଟନ୍ତେ କୋଳରେ
ଗୁଡ଼ାକେଶ ପୋଛିନେଲା ଏକାକୀତ୍ୱ ମୋର
କାଲି ରାତି ଶେଷ ରାତି ଥିଲା
ମୃତ୍ୟୁ ସାଥେ ମିଳିତ ହେବାର ।

କାଲି ରାତି ଶେଷ ରାତି ଥିଲା ।
ଚତୁର୍ଦ୍ଦିଗେ ଘୋଟିଥିଲା ପ୍ରଳୟ ଅନ୍ଧାର
ବାୟୁରେ ବର୍ଦ୍ଧିଷ୍ଣୁ ଥିଲା ନିଦ୍ରାର ଗରିମା
କାଲି ରାତି ଯେତେବେଳେ
ମୃତ୍ୟୁ ମୋତେ କୋଳାଗ୍ରତ କଲା ।

କାଲି ରାତି ଶେଷ ରାତି ଥିଲା
ମୃତ୍ୟୁ ସାଥେ ମିଳିତ ହେବାର ।।

ଜହ୍ନରାତି

ସେଦିନ ସେ ଜହ୍ନରାତି ହଠାତ୍ କାହିଁକି
ଆମକୁ ଅଲଗା କଲା ନିଃଶବ୍ଦରେ
କେଉଁ ବିଷଣ୍ଣତା
ଆକ୍ରାନ୍ତ କଲା ଓ ତୁମେ କହିଲ ଯେ
ମନ ଦେଖିବାର କିଛି ନାଇଁ ତ ଦର୍ପଣ
ଅତି ନିଘଞ୍ଚରେ ପଛେ ଥିବେ ଦୁଇଜଣ
ମନ ତାଙ୍କ ରହିଥିବ ଅପହଞ୍ଚ ଧନ।

ଶୁଣୁଶୁଣୁ ପ୍ରଥମେ ଛାତିର କେଉଁ ଅଦେଖା ସ୍ଥାନରେ
ଭୂମିକମ୍ପ ଘଟିଗଲା
ବାହାରକୁ ସେକଥା ଜମାରୁ
ଜଣାଗଲା ନାଇଁ।
ମସୃଣ ଦୁଃଖର ଏକ ତୀକ୍ଷ୍ଣ ଗଣ୍ଡ ଦେହେ
ପ୍ରାଣ ଡୁବି ଯାଇ କ୍ରମେ ହେଲା ଅଶକତ
ଦେଖଣାହାରିଏ ଖୁସି, ଭାବିଲେ ଯେ
ପହଁରାଳୀ ଚମତ୍କାର
ପହଁରାରେ ରତ।

ଏ ଉତ୍ତାରୁ ଭୂମିକମ୍ପ ସ୍ତବ୍ଧ ହେଲା।
ପୁରାଣର ଆଖ୍ୟାନ ସମାନ –

କେଉଁ କୁଣ୍ଡେ ଝାସ ଦେଇ
କାକ ବିଷ୍ଣୁ ରୂପ ନେଲାପରି,
ବୁଝିଯାଇ ବୁଡ଼ାଳୀର ମନହେଲା ଅଦ୍ଭୁତ ଦର୍ପଣ।

ଏତେ ଦିନ ଜଣାଶୁଣା ସତ୍ତ୍ୱେ ଦେଖ
ତୁମେ ତ ନଥିଲ କେବେ ନିଜର ଓ
ତୁମ ଗୋପ୍ୟ ମନ ଥିଲା ଅଭାବକୁ ଦୂର।

ବୁଡ଼ି ଉଠିଲା ବେଳକୁ ତୁମେ ଥିଲ ନିକଟରେ
ଆଗପରି ଚୁପଚାପ
ଚୁପ୍‌ଚାପ୍ ଜହ୍ନରାତି ପରି
ତୁମ ମନ ଦିଶୁଥିଲା ଖୋଲାମେଲା ଆକାଶ ପରି ଓ
ଏମୁଣ୍ଡୁ ସେମୁଣ୍ଡ ଯାଏଁ ଉଦ୍‌ଭାସିତ
ଭାବକୁ ନିକଟ।

ଏହାପରେ ସବୁ ଭଲ ଲାଗୁଥିଲା। ସବୁ ଭଲ ଭାରି।
ଜହ୍ନ ଭଲ, ତାରା ଭଲ, ନିରବତା ଭଲ, ଭଲ ପୁଣି ପୃଥିବୀର
ଚୁପ୍‌ଚାପ୍ ଭାରି
କେଉଁ ଶବ୍ଦ ରଖାଯିବ ପ୍ରେମ ବା ହୃଦୟ ଅବା ମନଲାଗି
ଭାବୁ ଭାବୁ ଜହ୍ନରାତି ଚାଲିଗଲା,
କଥା ଗଲା ସରି।

ଆଉ ଯହିଁ କଥା ଶେଷ ହେଲା
ଫୁଲ ଗଛଟିଏ ତହିଁ ଉଠିଲା ଗଜୁରୀ।

■

ସ୍ୱାଧିକାର ପ୍ରମତ୍ତ

ଘର- ତାର ଚରିକାନ୍ଥ ରହିଥିବେ ନିଜନିଜ ସ୍ଥାନେ।
ସୁସଜ୍ଜିତ ଭାବେ ଶୋଭା ପାଉଥିବେ ଟେବୁଲ ଚଉକି।
ଦୁଆତ, କଲମ, ପ୍ୟାଡ୍, ପାଣିଗ୍ଲାସ ଇତ୍ୟାଦି ଇତ୍ୟାଦି
ରହିଥିବେ ଯେଝାସ୍ଥାନେ ନିୟମେ ଅଟକି।
ଆଉଥିବେ ଉପସ୍ଥିତ ଭଦ୍ରଲୋକମାନେ।

ବେଳାଥିବ ପୂର୍ବ ନିର୍ଦ୍ଧାରିତ
ଅଦୃଶ୍ୟ ଈଶ୍ୱରଙ୍କର ଇଚ୍ଛା ଅନୁସାରେ
ମୁହାମୁହିଁ ବସିଥିବେ ଦୁଇ ଦିଗେ ଦୁଇଟି ସମୟ
ଗୋଟିଏ ଜୀବନମୃତ; ଅପର ସାକ୍ଷାତ୍ ତାର
ନିୟତି ରୂପରେ
ଟାଣୁଥିବ ଭାଗ୍ୟ ଡୋର, ସ୍ନିଗ୍ଧ ହସେ
ଉଦ୍ଭାସିତ ବାମନ ଠାଣିରେ,
ଧୀରେ ଠେଲୁଥିବ ତାକୁ ପାତାଳକୁ।

ଦୂରତ୍ୱ ଭାସ୍ୱର ଥିବ ଟେବୁଲ ରୂପରେ।

ଏକଦିଗେ ଗୋଟିଏ ସମୟ-
    ମୌନ ହାହାକାରେ ମୂକ
    ସ୍ଥିର ଥିବ ଚଉକିରେ
    ହାତ ପାପୁଲିରେ

ଥିବ ପଦ୍ମମୁଖ ନ୍ୟସ୍ତ
ତ୍ରସ୍ତ ଢୋକ ଗିଳୁଥିବ ରହିରହି,
ପ୍ରବଣତାମାନେ
ବିଶେଷ ନିର୍ଦ୍ଦେଶେ ଥିବେ
ସଂଯମ ଶାସିତ,
ଛଟପଟ କଥାମାନେ
ନୀରବ ଶୋଭାଯାତ୍ରାରେ
ସ୍ଥିର ଓଠଦ୍ୱାରେ;
ଆଉ କାକୁସ୍ଥ ଲୋତକ ଥିବ ଭୟରେ ତଟସ୍ଥ।

ଅପର ଦିଗରେ -
ମହିମ୍ନ ଈଶ୍ୱର ପରି
କାଳପରି ନିରବଧି ନିଷ୍ଠୁର ଅପର
ସବୁଜାଣି
ମୁଲାୟେମ ସ୍ମିତ ହାଣି
ବୁଝୁଥିବ ହାଲଚାଲ ଇଦାନୀଂ କଣ ପୃଥିବୀର!!

■

ଏମିତି ଡାକିବ ନାଇଁ

ଏମିତି ଡାକିବ ନାଇଁ !

ଏମିତି ଡାକିବ ନାଇଁ-
ଏମିତି ଡାକିଲେ,
ସିଂହାସନ ଟଳମଳ ହୁଏ ।
ଏମିତି ଡାକିଲେ, ନାହିଁ କରିଦେବା କଷ୍ଟ !
ସ୍ଥିର ପାଣି ଚହଲି ଉଚ୍ଛୁଳି ପାରେ
ଶାନ୍ତ 'ମଲାଗୁଣୀ' ନଈ
ଏକୂଳ ସେକୂଳ ଖାଇ ଉବୁଟୁବୁ
ହେଇ ଯାଇପାରେ - ତେଣୁ
ଏମିତି ଡାକିବ ନାଇଁ !

ଏମିତି ଡାକିବ ନାଇଁ -
କୁଟୁମ୍ବଙ୍କ ନାଲିଆଖି, ପ୍ରତିବେଶୀ ପ୍ରହରାଦାର
ଓ କୂଳମାଡ଼ି ଯିବା କଣ ପିଲାଖେଳ !
ବାଟରେ ପଡ଼ିଚି !
ନାଡ଼ିରେ, ରକ୍ତରେ ଭୟ; ଭୟ ପାଲଟିଚି
ସମୁଦାୟ ଜୀବନ, ଯାହାର
ଏମୁଣ୍ଡୁ ସେମୁଣ୍ଡଯାଏ ଭୟ ଆଉ ଭୟ..... ।

ତେଣୁ ଏମିତି ଡାକିବ ନାଇଁ!

ପୃଥିବୀରେ ସ୍ଥାନର ଅଭାବ -
ଥାକ ଥାକ ମନ ମେଲି ଦେଖିବ
କି ଦେଖେଇବ
ସ୍ମୃତିସବୁ ଝାଡ଼ିଝୁଡ଼ି ଭାଦ୍ରବ ଖରାରେ ମେଲି
ସଜାଡ଼ି ରଖିବ!

ଭୀରୁତା ଭୂଷଣ କରି ଏସବୁ ସମ୍ଭବ ନୁହେଁ!

ତା'ଛଡ଼ା ଠିକ୍ ଠିକ୍ ନଡାକିଲେ,
କେଉଁଠାକୁ ଯିବ?
ପାଦ ତ ପଥର ହବ ଗତିଭୁଲି;
ଭୟରେ ଚକିତ ପ୍ରାଣ କଣ ଦବନବ?
ଖାଲି ସିଂହାସନ ଟଳମଳ ହବ!

ତେଣୁ ଏମିତି ଡାକିବ ନାଇଁ!
ଦେଇ ନପାରିବାର, ଯାଇ ନପାରିବାର
ଅସହାୟ ଦଂଶନ ସଂପର୍କରେ
ତୁମେ କଣ ଜାଣ!!

■

ପରୀକ୍ଷା କରନା

ଦେଖ, ପରୀକ୍ଷା କରନା। ତୁମେ
ଭଲକରି ଜାଣିଛ ଯେ ଲୋକଟା
ଆପାଦମସ୍ତକ ଭୟେ ଜୁଡ଼ୁବୁଡ଼ୁ।
ଭୟ ତା'ର ଆପଣାକୁ, ଶବ୍ଦକୁ, କଥାକୁ,
ଭୟ ନିରବତାକୁ ବି! ତୁମେ
ଦୈନ୍ୟରେ ଡୁବାଅ ନାଇଁ
ତାକୁ ପରୀକ୍ଷା କରନା ତୁମେ। ଭୁଲିଯାଅନା ଯେ
କେତେବେଳେ ଶବ୍ଦବିନା
ସବୁ ଦେଖିହୁଏ ତ
କେତେବେଳେ ଶବ୍ଦବିନା
କିଛି ଦେଖିବାର ଘରା ନାଇଁ।।
ତେଣୁ ପରୀକ୍ଷା କରନା
ତାକୁ, ଉଚ୍ଚାଟ କରନା ଜମା
କଥାରେ କୃପଣ ସାଜି।
ମଧ୍ୟବିତ୍ତ ମନ ବଡ଼ ଦୋଦୋପାଞ୍ଚ,
କଣ ଯେ କହିଲ ଅବା କହିଲନି
ଭଲ କରି ବୁଝିବା ଆଗରୁ
ଘୁଞ୍ଚିଯିବ ମୁହୂର୍ତ୍ତ ନିଘଞ୍ଚ।

ତୁମେ ଭୁଲିଯାଅନା ଯେ ସମୟ
ଅପେକ୍ଷା ଜମା କରେନାଇଁ
ଚନ୍ଦ୍ରଥାଉ, ତାରାଥାଉ, ଥାଉ ନଦୀକୂଳ ହାୱା
ନୀରବତାମାନଙ୍କର ଭିଡ଼,
ଥାଉ ଲୋକଙ୍କର କୋଳାହଳ
ପାଖାପାଖି ଅସହାୟ ମୌନ ଦୁଇ ପ୍ରାଣ ଥାଉ
ସମୟ ଅପେକ୍ଷା ଜମା କରିବନି
ଫେରି ଚାହିଁବନି।
ସମୟକୁ ଏଇପରି ଯିବାକୁ ଦିଅନା,

ତୁମ ନୀରବତା
ସମୟଠୁ କଠୋର ବିଧାନ।।

■

ଗୋଟିଏ ଜୀଇଁବା ପାଇଁ

ଋଖଣ୍ଡେ ଭୂଇଁରେ ଏଇ କେତେଟା ଶିଆର
ମଥାଟେକା କେତେଟା ଅଙ୍କୁର
ଅକ୍ଷୀତୃତୀୟାର
ଦୁର୍ବଳ ହାତର ଅଙ୍କା
ଶୁଭଚିହ୍ନ
କମ୍ କଣ ?
ମହାନଦୀର ପର୍ଯ୍ୟାପ୍ତ ଉଜାଣି
ଥାଉ ।
ମୂନ୍ଦେ ମୂନ୍ଦେ ପାଣିସିଞ୍ଚା
ସକାଳ ସଂଜରେ
ଯଥେଷ୍ଟ !

ଅରାଏ ସବୁଜ ଭୂଇଁ
ଢେର ।
ଏଇ ହବହବ
ଗର୍ଭିଣୀକୁ ଟୁଣଟୁଣ୍
ଆମନ୍ତ୍ରକ
ଶୁଭ ନବାନ୍ନର
ଗୋଟିଏ ଜୀଇଁବା ପାଇଁ
ପର୍ଯ୍ୟାପ୍ତ ପ୍ରଚୁର ।।

ଏମିତି ଡାକିଦେଲ ଯେ

ଜଣାଥିଲା, ଏଇପରି ନିମନ୍ତ୍ରଣ ଜଣେ କରିପାରେ।

ନିମନ୍ତ୍ରଣ କରିପାରେ ଯଥେଚ୍ଛା ଓ ଆଦେଶ ସମାନ
ବେଶବାସ ଅସମ୍ଭାଳ ବସିବା ଥାନରୁ
ଅଣଆଶ ବେଗେ ଧାଏଁ ନିମନ୍ତ୍ରିତ ଜନ।
ନିମନ୍ତ୍ରଣ କରୁଥିବା ଲୋକଟି ଯଦିଓ
ସବାଶେଷ ଲୋକ, ତଥାପି ସେ
ଲୋକନୁହେଁ ଜନ୍ମାରୁ ଓ
ତାକୁ ଦେଖି ହବା କି ଛୁଇଁବା
ପରଖିବା ଭଲମନ୍ଦ
ଆକାଶ କୁସୁମ!!

ମଣିଥିଲି ତୁମେ ସିଏ ନୁହଁ। କିନ୍ତୁ ତୁମେ
ଏମିତି ଡାକିଦେଲ ଯେ ସକାଳର ଉଦ୍ଭିନ୍ନ କୋରକ ପରି
ଦ୍ୱାରଝର୍କା ମୁକୁଳି ଉଠିଲା
ଅଣଆଶ ବହିଲା ପବନ
ନିଦ୍ରାରେ ଚାଲିଲି କିଛି ବାରିହେଲା ନାହିଁ
କୂଳ ଭାଙ୍ଗି ଘଟିଗଲା ପ୍ରଳୟ ପ୍ଲାବନ ॥

ଏମିତି ଡାକିଦେଲ ଯେ ଭୂମିକମ୍ପ ହେଲା ।
ସଜ୍ଜିତ ସ୍ତବ୍ଧତା, ଭୟ ପଡ଼ିଲା ଭୁଷୁଡ଼ି ।
ତୁମେ ଦିଶିଲନି, ଖାଲି ଡାକ ଶୁଭିଗଲା ।
ସେ ଡାକ ଏଡ଼ିବ କିଏ ?
ଅଥଚ ତୁମକୁ ଜମା ଛୁଇଁ ହଉନାଇଁ,
ପୁଣି କି ପୋଷାକ ପିନ୍ଧିଲ ଯେ,
            ପାଖରୁ ଶୁଭୁଚି ଡାକ
            ରୂପ ଦିଶୁନାଇଁ ?

ଚାହିଁଲେ ଆକାରଟିଏ ତୁମକୁ ମୁଁ
            ଅକ୍ଲେଶରେ ଦେଇ ପାରିବି ଯେ
କୂଳ ଡେଇଁ ମାଡ଼ିଯାଏ ବିସ୍ମୟ ଅପାର -
କାହିଁକିବା ହେଲ ତୁମେ ଅସହଜ
            ସେଇ ଶେଷ ଲୋକ
ସୁପରିଚିତ, ଅଥଚ ଅଦୃଶ୍ୟ ଓ ଶେଷ ପରାତ୍ପର ॥

ମେଘଦୂତ

॥ ୧ ॥

କାହୁଁ ବା ଆସିଲା ମାଡ଼ି କି ବିଶାଳ ଦୁଃଖ ପୃଥିବୀକୁ
ଶୋକର ନିକଷ-କଳା-ଘନ ଛାଇଗଲା
ଆକାଶ ଝରାଇ ହେଲା ଅବିରଳ ଲୁହ
ନଈରେ ଲୁହର ବନ୍ୟା
ହାହାକାରେ ସମୁଦ୍ରର ଲୁହ ଉଚ୍ଛୁଳିଲା ।

କାହୁଁ ବା ଆସିଲା ମାଡ଼ି
ଅଚ୍ୟନକ ଘନ-ଘୋର ଶୋକ
ଆକୁଳେ ଢାଙ୍କିଲେ ମୁହଁ ଚନ୍ଦ୍ର, ସୂର୍ଯ୍ୟ, ଗ୍ରହ ତାରାଗଣ
ଶୋକେ କ୍ଷୀଣ ହେଲେ;
କାହା ଅଭିଶାପ ପରି
କ୍ଷଣେ କ୍ଷଣେ ଝଲିଲା ବିଜୁଳି,
ହାହାକାରେ ଫାଟି ଗଲା ଆକାଶର ଛାତି,
'ଘଡ଼ଘଡ଼ି ଉପରେ ନିର୍ଘାତ ପଡ଼େ ମାଡ଼ି' ।

॥ ୨ ॥

ତୁମେ କହିଥିଲ ଯେବେ ଆକାଶରେ
ଘୋଟିଥିବ ଘନ
ବିଜୁଳି ଚମକିଯିବ
ବଜ୍ରପାତ ହେବ ଘନଘନ
ସଭିଏଁ କାନ୍ଦିବେ ଯେତେ
ଗଛବୃଛ ପାହାଡ଼ କନ୍ଦରା
ସମୁଦ୍ର କାନ୍ଦିବ ସାଥେ
ଆକାଶ ବି ରହା ଧରିଥିବ
ତୁମେ କହିଥିଲ
ଯେବେ ବର୍ଷାଋତୁ
ପୃଥିବୀକୁ ଜୁର କରୁଥିବ
ଦୂରଦେଶୁ ବଳାହକ ତୁମର ଆସିବା ବାର୍ତ୍ତା
ଅବଶ୍ୟ ଆଣିବ !

॥ ୩ ॥

ଦୂରଦେଶୁ ବାର୍ତ୍ତା ଦେବ କହି ଥିଲ ଆସିବ ବିଦେଶୁ
ଉଜ୍ଜୟିନୀ, ବାରୁଣା ବା ଅବନ୍ତୀରେ ଅଟକିବ ନାଇଁ ଦେଖି
ପଥପ୍ରାନ୍ତେ କେଳି ସୁକୁଶଳା....
ସୁଧୀର ଉତ୍ତର ମେଘ ! କହୁଥିଲ
ଫେରିବ ମୋ ପୁରେ
ଆଜି ପୃଥିବୀରେ
ଦୁର୍ବିନୀତ ବର୍ଷାଋତୁ, ଦୁର୍ବିନୀତ ସବୁ କରେ ଜୁର,
ତୁମେ କାହିଁ ଆସିଲନି
କାହିଁ ବନ୍ଦୀ ହେଲ କହ
ମାଲୁଣୀର ଫୁଲଶୁଙ୍ଘି
ବଳାହକ ଦେଲାନାହିଁ କୁଶଳ ତୁମର !!

■

ପିଙ୍ଗଳାର ପ୍ରାର୍ଥନା

ପିଙ୍ଗଳାକୁ ମୁକ୍ତି ଦିଅ, ପିଙ୍ଗଳାର ଏତିକି ପ୍ରାର୍ଥନା
ପିଙ୍ଗଳାକୁ ମୁକ୍ତି ଦିଅ ଯୁଗେ ଯୁଗେ ଦେହ ଆଉ
ମନ-ବନ୍ଧନୀରୁ
ମୁକ୍ତି ଦିଅ ଶବ୍ଦରୁ ଓ ଅଶବ୍ଦରୁ ପାର୍ଥିବତା ଅପାର୍ଥିବତାରୁ
ମୁକ୍ତି ଦିଅ ଶେଷ ହେଉ ଏ ଜନ୍ମର ପ୍ରସ୍ତପ୍ରସ୍ତ ପାପ ଆଉ
ପୁଣ୍ୟ ଆଉ ଜଂଜାଳର ଭିଡ଼
ପିଙ୍ଗଳାକୁ ମୁକ୍ତି ଦିଅ ଶେଷ ହେଉ ଏଜନ୍ମର ବଞ୍ଚିବାର
ଅସରନ୍ତି ଲୋଭାର୍ତ୍ତ ପହଡ଼।।

ପିଙ୍ଗଳା ମାଗିନଥିଲା ସାମ୍ରାଜ୍ୟ ବା ସମ୍ରାଟ ପଦବୀ
ସେ ମାଗି ନଥିଲା ଗତି, ମୁକ୍ତି ଆଉ ବୈକୁଣ୍ଠର ଭୋଗ
ସେ କେବେ ଖୋଜି ନଥିଲା ଦିନଦିନ ମାସମାସ
ବର୍ଷବର୍ଷ ଧରି
ଶବ୍ଦର ଚରଣଭୂଇଁ, ଖୋଜିଥିଲା ଜୀବନର ଏ ପ୍ରାନ୍ତରୁ
ଆର ପ୍ରାନ୍ତ ଯାଏଁ
ମନଟିଏ, ଭୁଲିଯାଇ ବ୍ୟବଧାନ ଭକ୍ତି ଆଉ
ଭଲପାଇବାର
ଭୁଲିଯାଇ ବ୍ୟବଧାନ ପ୍ରୀତିଠାରୁ ଭକ୍ତି ଆଉ
ପ୍ରିୟଠାରୁ ପରମର ଭେଦ
ଭୁଲିଯାଇ ଏକାକାର କରିଥିଲା ପ୍ରିୟଠାରୁ ଈଶ୍ୱରଙ୍କୁ
ଈଶ୍ୱରଙ୍କଠାରେ ପ୍ରେମିକକୁ

ଖୋଜିଥିଲା ଦିନରାତି, ମାସମାସ, ବର୍ଷବର୍ଷ ଧରି
କାହାକୁ ଯେ ଖୋଜିଥିଲା ପିଙ୍ଗଳାର ହେଜନାଇଁ ରହେ
ପ୍ରିୟକୁ ବା ପରମକୁ ଆଜି କିବା ଯାଏ ଆସେ
ମୁକ୍ତିଦିଅ ମୁକ୍ତିଦିଅ
ଖୋଜିବାର ଶେଷ ଯେହ୍ନେ ହୁଏ।

ପିଙ୍ଗଳାକୁ କ୍ଷମାକର, ତା' ଛାତିର ପ୍ରୀତିଭକ୍ତି
କାହାକୁ ଦେଉଛି ସିଏ ପ୍ରିୟକୁ ବା ପରମକୁ
ଆଜି ଆଉ କିବା ଆସେ ଯାଏ
ଆଜି ତାକୁ ମୁକ୍ତି ଦିଅ, ମୁକ୍ତି ଦିଅ ଦିନ ମାସ ଗଣନାରୁ
ସମୟରୁ ପ୍ରୀତି ଆଉ ଭକ୍ତିର ଭିଡ଼ରୁ
ମୁକ୍ତି ଦିଅ ଦେହରୁ ଓ ମନରୁ ଓ ପୁନର୍ଜନ୍ମଠାରୁ
ମୁକ୍ତି ଦିଅ ମୂକ କର ଶବ୍ଦଠାରୁ
ଲୀନ ହେଉ ଅଶବ୍ଦରେ ସିଏ
ବଧିର କର ଦି ତାକୁ ଶବ୍ଦପାଇଁ ଲୋଭ ତା ନରହୁ

ପିଙ୍ଗଳାକୁ ମୁକ୍ତି ଦିଅ କୈବଲ୍ୟ ଇଚ୍ଛାରୁ
ପିଙ୍ଗଳାକୁ ମୁକ୍ତି ଦିଅ ଖୋଜିବାର ଶେଷ ଆଜି ହେଉ!!

■

ମୁକ୍ତିର ଅପେକ୍ଷାରେ

ଯେପରି ବନ୍ଧକ ମୁହିଁ ପରଂପରା ସମାଜ ଓ ପରିଜନଠାରେ
କେ ରଖିଛି ? କେବେଠାରୁ ? - ପ୍ରଶ୍ନ ଅବାନ୍ତର ।

ବ୍ୟୁହଭେଦ ମନ୍ତ୍ର ମୋତେ ଜଣା ନାହିଁ
ଥିଲାବେଳେ ଗର୍ଭରେ ମାତାର
ପିତା କେବେ ସରାଗରେ ଗୁପ୍ତକଥା
ଫିଟାଇଲେ ନାହିଁ ।।

ତଥାପି ବିଶ୍ୱାସ ରଖେ ସମୟରେ, ଆପଣା ଉପରେ
ବିଶ୍ୱାସରେ ବଞ୍ଚିରହେଁ,
ହୁଏତ ଆସିବ କାଳ, ହେଉପଛେ ମୁହୂର୍ତ୍ତକ ଲାଗି
ଆସିବ ସମୟ ଏକ ଅଚିହ୍ନକ
ମୁକ୍ତିର ସମୟ
ଓ ସେଦିନ ଭେଟ ହେବ ତୁମ ସାଥେ ବିସ୍ତୀର୍ଣ୍ଣ ପ୍ରାନ୍ତରେ
ସମସ୍ତ ସଂଶୟ ଯିବ ପବନରେ ଝରି
ପୀତପତ୍ର ଝରିଯିବ
ସ୍ଥାନ ଦେଇ ନବୀନ ପତ୍ରରେ
ସେଦିନ ମିଳେଇଯିବ ଭୟଭ୍ରାନ୍ତି ଦାସତ୍ୱର ପୀଡ଼ା
ଭୁଲିଯିବି ଅବଲୀଳାକ୍ରମେ ଯେତେ
ଦୁଃଖ ଓ ସଂକଟ

ଖୋଲା ଆକାଶର ତଳେ ତୁମ ସାଥେ
ହେବ ମୋର ଭେଟ
ତୁମେ ବ୍ୟସ୍ତ ଥିବ ଅବା ମୋଅପରି
ମୁକ୍ତି ପାଇଁ ପକ୍ଷ ମେଲୁ ଥିବ
ପରସ୍ପରେ ଚିହ୍ନି ନେବୁ ଅବିଳମ୍ବେ,
ଓ ଦାସତ୍ୱେ ପଛକରି କ୍ରମେ
ତୁମେ ଯିବ ? ଯାଅ ବା ନଯାଅ
ମୁଁ ନିଶ୍ଚୟ ଉଡ଼ି ଯିବି ମୁକ୍ତି ପରି
ଦୁଇ ଆଖି ଯୁଆଡ଼େ ଟାଣିବ ।।

■

ଚିହ୍ନି ଦେଇପାରିବ ଯେ

ତ୍ରିପଥଗା ଜାହ୍ନବୀକୁ
ଚିହ୍ନିବା ସହଜ
ତାର କଳକଲ୍ଲୋଳ ଗତିର ବେଗରୁ
ତାର ଜୁଆର ଭଟ୍ଟାରୁ
ନିର୍ଭୁଲ ବାରିଦେଇ ହବ
ତାର ସୋହାର ପ୍ରୀତିକୁ
ତାର ସୁଖକୁ ଦୁଃଖକୁ ॥

ଦମ୍ଭିଲା ପାହାଡ଼ର
ପଥୁରିଆ ଛାତି ସନ୍ଧିରେ
ନିୟନ୍ତ୍ରିତ ଗତି ଧାରେ ପାଣି
ତାର ଜୁଆର ନାହିଁ
କି ଭଟ୍ଟା ନାହିଁ
ଦୁକୁଦୁକୁ ଛାତିରେ
ସାଗର ଛୁଇଁବାର
ଦୁରୁଦୁରୁ ନୀରବ ବିଳାସ
ପ୍ରୀତିର ପୂରବୀ ଗୁଣୁଗୁଣୁ
ଗାଉଚି ତ ଗାଉଚି ॥

ତାର ନିରବତାରୁ ନିର୍ଭୁଲ
ପଢ଼ିଦେଇ ପାରିବ
ତାର ସୁଖକୁ ଦୁଃଖକୁ
ତାର ଭୀରୁ ପ୍ରୀତିକୁ ? ?

ଚିହ୍ନିଦେଇ ପାରିବ ଯେ
ଏଠି ଜଣକର ଛାତି ତଳେ ନୀରବରେ
ଲାସ୍ୟ ରଚନା କରୁଚି ପ୍ରୀତିଦେଇ ନନ୍ଦିତ
କରିବାର ସ୍ପର୍ଦ୍ଧାଟିଏ ।

■

ମୁଁ ବୋହିଯାଆନ୍ତି କ୍ରମେ

ଭଲ ନାହିଁ ଲାଗେ ଆଉ ନିଷ୍କରୁଣ ଶିଳାର ଜୀବନ
ବୋହିଯା'ନ୍ତି ଗିରିନଦୀ ହୋଇ
ଦୁଇକୂଳ କରି ଉତ୍ପ୍ଲାବନ
ଭାଙ୍ଗିଦୂର ଦୁର୍ଗମ ପାହାଡ଼ ପଥ
ବୋହିନେଇ ଗ୍ଲାନି ଆବର୍ଜନା ।

ରୁଦ୍ର ବଇଶାଖୀ ଅନଳ ପବନ
ମୋର ସଙ୍ଗଲଭି ମୁଗ୍ଧ ପାଲଟିବ
ଅମନ୍ଦ ଦକ୍ଷିଣା,
ମୋର ସଙ୍ଗ ଲଭି ଧରା ହେବ ଶ୍ୟାମଳିନୀ
ଚରାଚର ସ୍ତବ୍ଧ ହୋଇ ଶୁଣିବ ଖୁସିରେ
ମୋର ଗତିର ସଙ୍ଗୀତ
ଧ୍ୟାନସ୍ଥ ଈଶ୍ୱର ହେବେ ଧ୍ୟାନୋତ୍ଥିତ
ହେବେ ସୃଷ୍ଟିରତ ।

ପୁଣି କେଉଁ ଆନମନା ଦୂରର ପଥିକ
ଦିନେ ମାଗି ଥିଲା କାହା ହୃଦୟର ଭିକ
ଚାହିଁଥିଲା ମନ ଦେଇ ପାଇବାକୁ ମନ
ମନ ପ୍ରାପ୍ତିନୁହେଁ ଯାହା ଲକ୍ଷମୁକ୍ତି ଫଳ ଲାଭ
କାର୍ତ୍ତିକର କୋଟି ଦୀପଦାନ-

ଭିକ ନପାଇ ଫେରିଛି ଅଭିମାନେ ସେ ଅଣଲେଉଟା
ମୋ ପ୍ଲାବନ ପଥେ ଫେରି ଦଣ୍ଡେ ଠିଆ ହେବ
ଗୃହ ଫେରନ୍ତିର ଗୀତେ ସେ ଉଦାସୀ ସନ୍ନ୍ୟାସ ଭୁଲିବ ।

ତାର ହାତ ଧରି
କହିବି ସସ୍ନେହେ,
ଆହା, ଏ ଦୁର୍ଗମ ପଥେ ପଥ ହାରି
କାହିଁକି ଘୁରୁଛୁ ହୋଇ ପଥହରା,
ବାଟ ମୁଁ କଢ଼ାଇ ନେବି ମୁହାଣର ପଥ ଅନୁସରି ।

ଏଇପରି,
ଭୁଲାଇ ସକଳ କ୍ଳାନ୍ତି ଯାତ୍ରାର ବିଷାଦ
ମୁଁ ବୋହି ଯାଆନ୍ତି କ୍ରମେ ସମୁଦ୍ର ସୁମରି ॥

■

ସମୟ ସବୁ ଅହଂକାର

ପ୍ରିୟତମ,
ଦୁଃଖ କାହାକୁ କହନ୍ତି ?
ବିଷାଦର ସଂଜ୍ଞା କଣ ?
ବିରହର କଣ କିଛି ବର୍ଣ୍ଣନା ଥାଇ ପାରେ ? ?
ତୁମ ସାନ୍ନିଧ୍ୟର ସଂପୁଟରେ ବନ୍ଦୀ ପ୍ରିୟତମା
ଦୁଃଖ ଚିହ୍ନେ ନାହିଁ।
ବିଷାଦ ଜାଣେ ନାହିଁ।
ବିରହର ନାଁ ଶୁଣିନାହିଁ।

ସମୟ ସବୁ ଅହଂକାର ଭାଙ୍ଗିଦିଏ
ପ୍ରିୟତମ !
ସମୟ ବିରହ-ବିଦ୍ଧକରେ
ସଂଯୋଗୀକୁ ! !

'ଆସେଁ ତା ହେଲେ' କହି ତୁମେ
ପଛ ବୁଲି ଦେବା ମାତ୍ରେ
ଦୁଃଖ, ବିଷାଦ, ବିରହ ନିଜ ନିଜର
ପରିଚୟ ପତ୍ର ସହ ଗମ୍ଭୀର ହୋଇ
ସାମ୍ନାସାମ୍ନି ହୋଇଗଲେ
ବିଯୋଗୀର।

ସମୟ ସବୁ ଅହଂକାର
ଭାଙ୍ଗିଦିଏ ପ୍ରିୟତମ
ମୋର ॥

ୟାପରେ ଫୁଲଗଛ

କେମିତି ଗୋଟେଇବି ଯେ -
କେମିତି ଗୋଟେଇବି ଯେ ନିଜକୁ,
ଦେଖନାଁ -
ଖେଳାମେଳା ହେଇ ପଡ଼ିଚି ଗୋଟା ଜୀବନଟା।
କେଉଁଠୁ ଗୋଟେଇ ଆଣି ଠୁଳକରି
ରଖିବି କେଉଁଠି ? !
ବଜାର ହାଟ, ହସପିଟାଲ କି ସିନେମାହଲ
ରାସ୍ତା କି ଘର
କର୍ତ୍ତବ୍ୟାକର୍ତ୍ତବ୍ୟ ରାଗ ଅହଂକାର
ପ୍ରେମ କି ଅଭିମାନ - ସବୁଠିତ
ଖେଳେଇ ହେଇ
ପଡ଼ିଚି ଜୀବନଟା।
ଗୋଟାଟା ଜୀବନ।

ଦେଖୁଚତ, ପତ୍ନୀତ୍ୱରେ ପ୍ରେମିକା ପଣରେ
ଆସନ୍ନ ମାତୃତ୍ୱରେ କି ଭଉଣୀର ଭୂମିକାରେ
ବୋହୂ କି ଝିଅ କି ଗୃହିଣୀର ଦାୟିତ୍ୱରେ
ଅଧ୍ୟୟନରେ କି ଅଧ୍ୟାପନରେ
ଆଗ୍ରହରେ କି ଆଚରଣରେ
ଅଜସ୍ର ସଫଳତାରେ କି

ଅମାପ ବିଫଳତାରେ
ମୁହିଁ-ମୁଇଁ ତ ବିଛାଡ଼ି ହେଇ
ଯାଇଛି।

କହନା, କେଉଁଠୁ ଗୋଟେଇ ଆଣି
କେଉଁଠି ଠୁଳ କରିବି ଅଖଳମାଖଳ ଜୀବନକୁ
କେଉଁ ସିନ୍ଦୁକରେ!?
ଅମାପ ଲମ୍ବା ଜୀବନକୁ ଧରି ରଖିବାକୁ
କେଉଁଥାନ ପ୍ରଶସ୍ତ କହତ!!

କେଉଁଠି ଥାନ ଅଣ୍ଟୁନାଇଁ ବୋଲିତ
ଏଡ଼େ ଖେଳାମେଳା ଜୀବନକୁ, ବଞ୍ଚି ରହିବାଟିକୁ
ଅଚିନ୍ତା ହେଇ ତୁମକୁ
ଦେଇଦେଇ ନିଶ୍ଚିନ୍ତ ହେଇ
ବସିଚି।

ୟାପରେ ଫୁଲ ଗଛ ଜୀଉଁଚି ନାଁ ମରୁଚି
ନାଁ ଚିରଦିନିଆଁ ହେଇ ରହିଛି
କିଏ ପ୍ରଶ୍ନ କରୁଛି!!

■

ତୋର ଭୟ କଣରେ

ତୋର ଭୟ କଣରେ ?
ତୁ' ତ ସ୍ଥିର ତୋର ସିଂହାସନେ !
ତୋତେ ତୋ ଅଧିକାରରୁ ଟଳେଇବ,
ସାଧ୍ୟ କାହାର ! !

ତୁ ତ ତୋର ବସିଚୁ ଘଟରେ ପଟରେ
ଦେହର ସାମନ୍ତ, ମନର ସାମନ୍ତ
କେତେ ଛଟକରେ ସାକାର ଘଟରେ
ନିରାକାର ନାରାୟଣ
ତୋର ଭୟ କଣ
ଯେ ! !

ତୋତେ କଣ କହି ଚିହ୍ନାଇବା ଆଉ ?
ସଖା ? ନାଁ ପ୍ରେମିକ ?
ପ୍ରଭୁ ? ନାଁ ପତି ? ? ତୁ ତ
ଏକାକାର ସବୁ ରୂପରେ ।
ଯେଉଁଠି ବସ୍ତ୍ରହରଣ
ସେଇଠି ନିଜେ ବସ୍ତ୍ରଟି
ସ୍ତମ୍ଭଟିତ ନୃସିଂହଟି,
କେଉଁଠି ତାରଣ ତ କେଉଁଠି ମାରଣ,

କୋଉ ତୋ ନିଜକୁ ଛାଡ଼ି ତୁ କଥା କହୁଛୁ ଯେ
ଘରବୁଡ଼ା ! ତୋତେ ଫେର ଚିହ୍ନେଇବାକୁ ପଡ଼ିବ !
-ଖେଳମତ୍ତ ହେଇ ଜ୍ଞାତି କୁଟୁମ୍ବ ମାରି
ମୃଗକର୍ଣ୍ଣ ବିନ୍ଧା ମାୟାରେ
ନିଜେ ତୀରଟି, ଧନୁଟି, ଗୁଣଟି,
ଆଉ ଆତ୍ମଘାତୀ ମହାକାଳଟି !!

ତୋର ଭୟ କଣ ଯେ !
ତୁ ତ ସ୍ଥିର ହେଇ ବସିଚୁ ସଖୀର
ଗମ୍ଭୀରା ଭିତର ସିଂହାସନରେ
ସାମନ୍ତଟି ପରି, ଦିକ୍ ଦିକ୍ ଦୀପ ଆଲୁଅରେ ।
କଥାଟେ ରଖ -
ମିଶାଇ ନେଉଥା ସଖୀକୁ ତୋଠି
ଯେପରି
ସ୍ରୋତରେ ବିନ୍ଦୁଟି

ନହେଲେ ନିନ୍ଦିତ ହବଯେ
ତୋର ସାମନ୍ତପଣଟି !!

■

ଇଥିଓପିଆରୁ କୋରାପୁଟ

॥୧॥

ଗତକାଲିଠୁ ବର୍ଷାର ଅଝଟପଣିଆ ଖୁବ୍ ବଢ଼ିଛି।
ରାହାଧରି କାନ୍ଦୁଛି ତ କାନ୍ଦୁଛି।
ବନ୍ଦ ହବାକୁ ନାହିଁ।

ପ୍ରିୟତମ,
ଆମର ଅଭାବୀ ପରିବାର ଭିତରେ ବିରାଟ ହାଁ ମେଲିଛି
ଯେଉଁ ଭୋକ,
ସିଏ ଆଉ ବର୍ଷାକୁ ବି ଘାରିଲା ନା କଣ !
ସଂସାରର ସବୁ ଭୋକିଲା ପିଲା କି ଆଉ
ଏକାଠି ହୋଇଗଲେ -
ଇଥିଓପିଆରୁ କୋରାପୁଟ....
ସବୁ ଭୋକିଲା ପିଲାଙ୍କର ନିରାହାରି କାନ୍ଦଣା
ଭୋକ ଉପରେ ଯିଏ ଆଉ ଫୁଟିବାକୁ ନାରାଜ
ବର୍ଷା କଣ ସେଇ ଭୋକର କାନ୍ଦଣା
କାନ୍ଦୁଚି ତ କାନ୍ଦୁଚି....
ଦାବୀ ଜଣେଇ ଗର୍ଜୁଚି ତ ଗର୍ଜୁଚି
ବଜ୍ର ପକେଇ ବିଦ୍ୟୁତ୍ ଜଳେଇ।

ସତେକି ପ୍ରଳୟ ଆଣିବ- ବନ୍ୟାରେ
ସବୁ ଧୋଇଧାଇ ଭସେଇ ନେଇଯିବ -
ସବୁଠି ଠିଆ କରେଇବ ସମୁଦ୍ର- ପ୍ରଳୟର ଉଦଧି
କେହି ବର୍ତ୍ତିଯିବେ ନାହିଁ ବର୍ଷାର କାନ୍ଦଣାରୁ

ପ୍ରିୟତମ, ପାପଭାର ବୋଧହୁଏ ଖୁବ୍ ବଢ଼ିଛି
ଖୁବ୍....
ଦଳେଲୋକ ବୋଧହୁଏ ଗ୍ରାସ କରିଯିବାକୁ ବସିଲେଣି
ପୃଥ୍ୱୀକୁ...
ଏତିକିବେଳେ ତ ବର୍ଷାହୁଏ...
ପ୍ରଳୟପୟୋଧି ଜଳରେ ବଟପତ୍ରରେ ଭାସେ
କାନ୍ଦ ବନ୍ଦ କରି ହସ ହସ ବାଳୁତଟିଏ ଓ
ଢେର ଢେର ଘଟଣାପରେ, ସବୁ କଣ ମନେପଡୁଛି,
ନାଭିପଦ୍ମରୁ ବ୍ରହ୍ମାଟିଏ
ଜନ୍ମି
ନୂଆସୃଷ୍ଟିରେ ମଗ୍ନହୁଏ ॥

ସୃଷ୍ଟି ନୂଆ ହବ।
ପ୍ରିୟତମ, ସେତେବେଳେ ବି ତମେ ଥିବ, ମୁଁ ଥିବି
ବର୍ଷା ବନ୍ଦହେଇ ଚକ୍‌ଚକ୍ ସାବ୍‌ଜା ପୃଥ୍ୱୀଟିଏ
ହସୁଥିବ
ଲଙ୍ଗଳା ମଣିଷ ଭିତରେ ତୁମେ ମୁଁ ଖଟିଖୁଟି
ସୁଖରେ ଜୀଇଁବା
ନୂଆ ଗଛପରି, ପୁଆ ଗଛପରି ଚେରମାରି
କେନାମେଲି ପରିବାର ମେଲିବା
ମଣିଷର ପରିବାର ॥

ପ୍ରିୟତମ ହସିଲା ପୃଥିବୀରେ
ହସିଲା ସଂସାର
ସୃଷ୍ଟି ନୂଆ ହବ ॥

॥୨॥

ରୋମାଣ୍ଟିକ ଭାବପ୍ରବଣତାର କିଛି ଅର୍ଥ ଥାଏ
ପ୍ରିୟତମ !
ସ୍ୱପ୍ନ କଣ ସତହବ ଖାଲି ଶୋଇ ରହିଲେ,
ସୁପ୍ତସିଂହ ମୁଖ ଗହ୍ୱରରେ ମୃଗ ଧରାଦବ ! !
ପ୍ରିୟତମ, ତମେ ମୁଁ ସୃଜନ ମଗ୍ନ ହବା, ଚାଲ
ମଗ୍ନହବା ଦ୍ୱୈତ ମିଳିତ ସମୂହ ସାଧନାରେ ।
ନୂଆକରି ପୃଥ୍ୱୀଟିଏ ଗଢ଼ିବା,
ହସିଲା ପୃଥିବୀ
ହସିଲା ସଂସାର
ହସିଲା ମଣିଷର ॥

ମାତ୍ର ତା' ପାଇଁତ
ପ୍ରଥମେ ଲୋଡ଼ା
ସଂହାର ॥

ପ୍ରିୟତମ, ତମେ ମୁଁ ଚାଲ...॥

■

ବିରହ

ସେଦିନ କି ଦିନ ଥିଲା ସୁଖେ ଭରପୁର !
ପୃଥିବୀରେ ଯୌବନର ରଙ୍ଗ ଥିଲା
ସଙ୍ଗୀତରେ ସୁର ଥିଲା କେବଳ ପ୍ରାପ୍ତିର
ଜୀବନରେ ପ୍ରେମ ଥିଲା ଅମାପ ଓ
ତୁମେ ଥିଲ ନିକଟରେ, ପ୍ରାଣର ଦୋସର ॥

ସେଦିନ ଦିବସ ସବୁ କଳରୋଳେ ଚାଲି ଯାଉଥିଲେ
ସନ୍ଧ୍ୟାର ଚା' ଆସରକୁ
ଗୋଧୂଳି ସଜାଉଥିଲା ଆପଣାକୁ ବେଳକାଳ ଜାଣି
ଗୋଲାପୀ ବାସରେ
ପକ୍ଷୀଙ୍କର ସ୍ୱର ଥିଲା ଚିହ୍ନାଚିହ୍ନା ସହଜ ସୁବୋଧ୍ୟ
ଋତୁଥିଲେ ପରିଚିତ
ଫୁଲମାନେ ଫୁଟୁଥିଲେ ଋତୁ ଅନୁସାରେ
ରାତି ନିତି ଆସୁଥିଲା ଲଘୁପାଦ ନବବଧୂସମ
ତାରା ଗହଣରେ
ଏ ପୃଥିବୀ ହରଷରେ ନିଦ୍ରା ଯାଉଥିଲା
ସେଦିନ ମୋହରି ସାଥେ,
ତୁମେ ଥିଲ ପୃଥିବୀର ପ୍ରାଣ ସଂପୁଟରେ ॥

ଆଜି ଦେଖେଁ ଏ ଯେପରି ଅନ୍ୟକେଉଁ
ଅଚିହ୍ନା ପୃଥିବୀ ।
କି ଋତୁ ଏ ଯାହା କଥା କେବେହେଲେ
ଶୁଣାବି ନଥିଲା
ସେ ଆଜି ଆଦାୟ କରେ ଜୁରକରି
ପୃଥ୍ୱୀରୁ ଖଜଣା ।
କି ଗୋପନ ମୌନ ଦୁଃଖେ ଦିନମାନେ ତେଣୁ
ଚୁପ୍‌ଚାପ ଚାଲିଯାନ୍ତି ଯେଝା କାମସାରି
ସଂଧ୍ୟାର ବିଶ୍ରାମ ଗୃହେ
ରାତି ଆସେ ଉଦାସୀନ ଆନମନା

ଓ ପୃଥିବୀ ନୀରବରେ ମୋହ ସହ ଉଜାଗର ରହେ ॥

■

ତିତିକ୍ଷା

ମୁଁ ଜାଣେ ତୁମ ଓ ମୋ ମଧ୍ୟରେ ଦୂରତା
କେତେଗୋଟି ଗାଁ ଗଣ୍ଡା, ବିଲବଣ, ସହର, ନଗର
କେତେଗୋଟି ପାଖ ଦୂର ଡାକଘରଙ୍କର ॥

ସମସ୍ତ ଦୂରତା ଡେଇଁ ବେଳେବେଳେ ତୁମେ ଆସ ଉଡ଼ି,
ଖିଆଲୀ ପକ୍ଷୀଟି ପରି । କଣ ଭାବି ଆସ ?
ଋତୁ ଆବର୍ତ୍ତନେ
ଉତ୍ତର ଗୋଲାର୍ଦ୍ଧ ପକ୍ଷୀ ଉଡ଼ିଆସ ଦକ୍ଷିଣ ନିବାସ ?

ତୁମେ ଉଡ଼ିଆସ ହୋଇ ପକ୍ଷୀଟିଏ ଆତୁର ଡେଣାରେ
କୁଢ଼କୁଢ଼ କ୍ଳାନ୍ତି ନେଇ, ମନ ଆକାଶରେ
ବିଷାଦ ଘନେଇ ଥାଏ, ଭାବେ ଅନୁତାପ,
ପ୍ରତିଶବ୍ଦ ଓଦାଥାଏ କ୍ଷମା ଯାଚଞ୍ଚାରେ ।

ତମେ ଉଡ଼ିଆସି ହୁଅ ମୁହାଁ ମୁହିଁ ଅଶ୍ରୁଗଦଗଦ
ପ୍ରାର୍ଥନା କାତର ହୋଇ ଯୋଡ଼ହସ୍ତ ହୋଇ
ଶ୍ରଦ୍ଧାଭରେ ମୋତେ ଦିଅ ବରାଭୟ କେଉଁ ଦେବୀ ପଦ ।

ମୁଁ ବି ସେଇ ମୁହୂର୍ତ୍ତରେ ଆପଣାର ସାଧାରଣତ୍ୱକୁ
ଅକ୍ଳେଶେ ପାଶୋରି ଦିଏଁ, ବ୍ୟକ୍ତିଗତ ଶୋକ ଓ ବିରହ

ପରିପାର୍ଶ୍ୱ ତୁଚ୍ଛତା ଓ ତୁମେ ଦିନେ ସାନୁମତି ଘେନିଛ ବିଦାୟ,
ଭୁଲିଯାଏଁ ମରତ୍ୱ ଓ ଅମରତ୍ୱ ବ୍ୟବଧାନ ଜନ୍ମ ଜନ୍ମାନ୍ତର,
ସମୟ ଓ ଅସମୟ। ଅବଶେଷେ ଭୁଲେ ମୋ ନିଜକୁ -
ଖେଳଛଳେ କାହାଣୀର ହୁଂକାରୂଢ଼ ଗାଈଆଳଟିର
ହୃଦୟ ଆକାଶ ହୁଏ, ମନ ହୁଏ ପୃଥିବୀ ଯେସନ,
ପ୍ରୀତି ହୁଏ ଆଲୋକ ଓ ବ୍ୟାପ୍ତି ହୁଏ ପବନ ସମାନ,
ଦୟା ହୁଏ ଗଙ୍ଗୋତ୍ରୀ ଓ ତାହାପରେ ମନେହୁଏ ମୋର
ଥାଉ ପଛେ ବ୍ୟବଧାନ ଦେଶଦେଶ ଯୁଗଯୁଗାନ୍ତର -
ଏକଇ ଆକାଶ ବାୟୁ, ଆଲୋକ ଓ ବିଶ୍ୱେଥାଇ ଆମେ
ସକଳ ଦୂରତ୍ୱ ରଚୁଁ ଖେଳ-ଛଳେ-ଲୀଳା

ଓ ତାପରେ ତମକୁ ମୁଁ କ୍ଷମା କରେଁ ପୁଣି ପାଏଁ ଭଲ ॥

ଶାନ୍ତିନିକେତନରେ ଦୋଳ

ନାହିଁ ନଥିବା ରଙ୍ଗର ବାହାର
ଯେ ଶାନ୍ତିନିକେତନର ଦୋଳ ॥

ମହୁମାଛି ଗୁଣୁଗୁଣୁ
ଦକ୍ଷିଣା ସହିତ
ଶିମ୍ଭୁଳି ଓ ପଳାଶର ଗହଗହ ସଭା
ମୁଚୁକୁନ୍ଦର ମହମହ ମତ୍ତତା ଓ
ଆକୁଳ ବକୁଳ ସହ
ମିଶିଯାଉଥିବ ବଉଳର ସୁରଭୀ
ଥାଟ୍‌ରେ ଆସୁଥିବ ବସନ୍ତ
ମତ୍ତହସ୍ତୀପରି ଝୁଲିଝୁଲି
ବିଜୟଯାତ୍ରାରେ
ଫାଟିପଡୁଥିବ ବତାସ ଗର୍ବରେ
ଗୌରବରେ ସୁଗନ୍ଧରେ
ବୃକ୍ଷେବୃକ୍ଷେ ଫୁଲ ଓ ସଲିଳ ସପଦ୍ମ
ଓ ଫାଟିପଡୁଥିବ ବତାସ ଗର୍ବରେ
ଗୌରବରେ ସୁଗନ୍ଧରେ
ରମ୍ୟଦିବସ
ସୂର୍ଯ୍ୟକୁ କୋମଳକରି ବିଦାୟ ଦଉଥିବ
ଓ ଲଳିତଚନ୍ଦ୍ରକୁ ଡାକିଦଉଥିବ ସୁଲଳିତା

ସନ୍ଧ୍ୟା
ବସନ୍ତବିଜୟ ଉତ୍ସବ ପାଳିତ ହେଉଥିବ
ସୁଖ ବିଞ୍ଚି ହଉଥିବ
ଶାଳବୀଥି ବକୁଳବୀଥିରେ
ଆମ୍ରକୁଞ୍ଜରେ ଝରିପଡୁଥିବ ସୁଖ
ସୁଧାକରର କରରୁ
ସସାଗରା ପୃଥିବୀର ମାନଚିତ୍ରରେ ଚିତ୍ରଥିବ
ସଂଯୋଗର
ଋତୁର ମାନଚିତ୍ରରେ ଚିତ୍ର ଥିବ
ସଂଭୋଗର

ଓ ତୁମ ମୋ ପ୍ରଣୟର ମାନଚିତ୍ରରେ ଚିତ୍ର ଥିବ
ବିଯୋଗର ॥

■

ଖୁସିର ଚଢ଼େଇ, ତାର

ଖୁସିର ଚଢ଼େଇ ତାର
ଉଡ଼ି ଆସିବାର ଥିଲା ଦୂର ବିଦେଶରୁ
ଛାତିରେ ଛାତିଏ ପ୍ରୀତି
ଚଞ୍ଚୁରେ କାଠି ଓ କୁଟା
ଘର ବାନ୍ଧିବାର ଆୟୋଜନ
ଘରେ ତାର ଗର୍ଭିଣୀ ପକ୍ଷିଣୀ ସଖୀ
ଚାହିଁଥିବ ବାଟ, ମେଲି ଆଖିର ଦୂର୍‌ବୀଣ।

ଖୁସିର ଚଢ଼େଇ ତାର
ଉଡ଼ି ଆସିବାର ଥିଲା ଦୂର ବିଦେଶରୁ
ଫେରି ଆସିବାର ଥିଲା ଝାଟିମାଟି ସଂସାରକୁ
ପଛେରଖି ଆକାଶୀ ବିଭ୍ରମ
କଥା ଥିଲା ଫେରିବାର ପଥେ
ଆଣିବ ଛାତିଏ ପ୍ରୀତି
ଘରବାନ୍ଧିବାରୁ ସରଞ୍ଜାମ
ଆସନ୍ନପ୍ରସବା ତାର ପକ୍ଷୀଣୀର ପାଇଁ

ଘରେ ତା ମିତଣୀ
ଦୃଷ୍ଟିର ଦୂର୍‌ବୀଣ ମେଲି ଦକଦକ ଛାତି
ଖୁସିର ଚଢ଼େଇ ତାର
ଫେରିବାର କଥା, କାହିଁ ଫେରିଲାତ ନାଇଁ !
ଉଦାସ ଦିବସ ଗଲା ନିଜଘରେ
ପକ୍ଷୀ ବାହୁଡ଼ାର ସନ୍ଧ୍ୟା ଚାଲିଯାଏ ନିଜ ବାଟେ ମଠ ମଠ

ଖୁସିର ଚଢ଼େଇ ଆଜି ନଆସିବା ନେଇ
ହୁଏତ ବା ଆଉ ଏକ ରାତିଯିବ
କାକବନ୍ଧ୍ୟା ହୋଇ ॥

ମେ ମାସ ଅଠର ତାରିଖ

ଆଜି ଅଠର ତାରିଖ ।।

ଏପ୍ରିଲ ନୁହେଁ ବସନ୍ତ ନୁହେଁ
ମେ' ମାସ ଅଠର ତାରିଖ ।।

ସୁଖର ଦିନକୁ ପେଡ଼ିରୁ କାଢ଼ି
ଆଜିହିଁ ଗୋଟି ଗୋଟି କରି ଦେଖିବାର ଦିନ
ଆଲବମ୍‌ରେ ବନ୍ଦୀ
ଅତୀତକୁ ସମ୍ଭାଷଣ କରିବାର
ଦିନଟି ଆଜି ।।

ଦୁରୁଦୁରୁ ବୁକୁରେ
ଶୁଭୁବୁଢୁ ପ୍ରୀତିଓଦା ମନଦେଇ
ସ୍ୱପ୍ନକୁ ଜୀବନ୍ୟାସ ଦେଇପାରିଥିବାର
ଚିରନ୍ତନ ଲଗ୍ନ,
ବେଳାଟି ଆଜିର ତାରିଖ ।

ଦେଖ ସଖା, ଦେଖ !
ଜନ୍ମ ଓ ମୃତ୍ୟୁ ଭିତରେ
ଆଜିର ତାରିଖ କେମିତି

ସଜେଇ ଦେଇଚି
ଯୁଗ ଯୁଗକୁ
ଜନ୍ମ ଜନ୍ମକୁ
ମୃତ୍ୟୁଂଜୟ ଜନ୍ମେଜୟ କରି
ବଞ୍ଚିରହିବାର ସୁଖ

ମେ' ମାସ ଅଠର ତାରିଖ ।

ମିତ ! ମନେ ନାହିଁକି ?
ଆଜି ଯେ ଆମର ବିବାହ-ବାର୍ଷିକୀ ! !

ମୋ ପୃଥିବୀ କିନ୍ତୁ ତବ

॥ ୧ ॥

ତୁମେ କ୍ରୋଧେ ଫାଟିପଡୁଥିବ -
ଏତେ ଦୁଃସାହସ ମୁଁ ବା କଲି କେଉଁପରି
କାହିଁ ଥିଲା ଏତେ ସ୍ପର୍ଦ୍ଧା ମୋଠାରେ ପ୍ରଚ୍ଛନ୍ନ !
ଯେ ସୁରେ ସାଧି ନପାରି
ତୁମେ ବ୍ୟର୍ଥ କଲ କେତେ ଅଗଣନ ଦୁର୍ଲଭ ପ୍ରହର -
ବିଫଳ ଭଜିବା ପରେ ସ୍ୱାଭିମାନେ ତେଜିଗଲ
ଭରପୁର ସଙ୍ଗୀତ ଆସର,
ମୋପରି ମାମୁଲି ଏକ ଗାୟକ କିପରି
ମୁଗ୍ଧକରି ସଭାଜନେ ଅନାୟାସେ ଫୁଙ୍କିଦିଏ
ସେ ଦୁଃସାଧ୍ୟ ସ୍ୱର,
ପବନ ଉଡ଼ାଇନିଏ ସାନନ୍ଦରେ ଯାହାର ଆହବ
ଯାହା ଶୁଣି ମଲାଗଛେ ଫୁଲଫୁଟେ
ମହୁମାଛି ଖୋଲିଦିଏ ସଙ୍ଗୀତର ଦ୍ୱାର ॥

॥ ୨ ॥

ଏଇକ୍ଷଣି ଚରାଚରେ ଗୁଣୁଗୁଣୁ ହୁଏ
କେବଳ ଗୋଟିଏ ଗୀତ ସଂପୂର୍ଣ୍ଣ ଜାତିର ।
ଏଇକ୍ଷଣି ପବନର କେନ୍ଦରାରେ
ସୁରର ସାଧନାରତ ସୁଖୀ ମହୁମାଛି ।

ଏଇକ୍ଷଣି ମୋର କଣ୍ଠେ ଅନାୟାସେ ସେଇଗୀତ ବାଜେ,
ଯାହାକୁ ଗାଇ ନପାରି ତୁମେ ପାଦେ ଦଳିଗଲ
ଭରପୁର ସଙ୍ଗୀତ ଆସର ॥

॥ ୩ ॥

ତୁମେ କ୍ରୋଧେ କମ୍ପୁଥିବ - ତୁମେ ଯିବାପରେ
ମୋପରି ମାମୁଲି ଲୋକ ଜୀଏଁ କେଉଁପରି
କିପରି ସୂର୍ଯ୍ୟାସ୍ତ ପରେ ରାତି ଘୋଟେ ନାହିଁ
କି ସ୍ପର୍ଦ୍ଧାରେ ଫୁଟି ରହେ ଅମଳିନ ପଦ୍ମ ସହି
ମାଘର ଶିଶିର ॥

॥ ୪ ॥

ମହାଭାଗ, ତମ ସ୍ପର୍ଦ୍ଧା
ମୋଠାରେ ଶୋଭାପାଏ ନାହିଁ।
ତମପରି 'ଖ୍ୟାତି' ମୋର ଆଗେ ଯାଏନାହିଁ।
ସଙ୍ଗୀତର ସୁରପରି ଗତି ମୋର ବଳ।
ମହିମ୍ନ ସମ୍ରାଟ,
ତବ ପୃଥ୍ୱୀ ହେଉପଛେ ଯେଡ଼େ ସୁବିପୁଳ
ମୋ ପୃଥିବୀ କିନ୍ତୁ ତବ ଆଜ୍ଞାଧୀନ ନୁହେଁ !!

■

ଭଡ଼ାଘର

ଏକ ପ୍ରକାର ମାୟା ପଡ଼ିଯାଇଥିଲା ।
କିନ୍ତୁ ଯିବାକୁ ତ ହେବ ।

ଦିନେ ଏଇପରି ପଛରେ ପକାଇ ଯିବାକୁ ହେବ
ଏଇ ପୃଥିବୀକୁ ! !

ବାରଂଡା ।
'ସେପାଖରୁ ସେ କୁଣ୍ଡଟା ଉଠେଇ ନେଇ
ଟ୍ରକରେ ରଖ ।'
ଫୁଲକୁଣ୍ଡ ଉଠି ଗଲାପରେ
ଘରର ସେ ଜାଗାଟା ସଦ୍ୟ ବିଧବାର କପାଳପରି ଦିଶୁଛି ॥

ଏଇ ଛାତ ।
ଏଇଠି ଇଜିଚେୟାରକୁ ଢଳିପଡ଼ି
ନକ୍ଷତ୍ରଗଣା । ଜ୍ୟୋସ୍ନାପାନ । କବିତା ଲେଖା ।
ଭରଖର ଜୀବନବେଳେ
ଦିନେ ଜହ୍ନରାତିରେ
ପାଖ ଛାତ ଉପରେ ଯୁବକଟିଏ ଯୁବତୀଟିଏ
ଘନିଷ୍ଠ ହୋଇଯିବାର ବିରଳ, ନିଭୃତ ଦୃଶ୍ୟ ଦେଖି
ତିନଦିନ ଛାତି ଧଡ଼ପଡ଼
ଅନିଦ୍ରାର ଅତ୍ୟାଚାର ॥
ଏଇ ଶୋଇବାଘରେ ହଂସୀପରି
ଦିନେ ରଜୁଗ୍ରୀବାଟେକି ମନୀଷା ପଶିଥିଲା ।

ଏଇଠି ଦେହ ଲତେଇ ଲତେଇ
ଦର୍ପଣରେ ନିଜକୁ ପରଖୁଥିଲା।
ଅପେକ୍ଷା କରୁଥିଲା। କଥାର ରେଜିକି ଦେଇ
ମନ ଜିଣୁଥିଲା....
ମନୀଷା ଆକାଶର ତାରାହୋଇ ସବୁ ଦେଖୁଥିବ!

ଆଉ ଏଇ ବାଲ୍‌କୋନି-
କଳହାନ୍ତରିତା ମନୀଷା ଦିନେ
ଏଇଠୁ ଡେଇଁ ପଡ଼ିବାର ପ୍ରୟାସ କରିଥିଲା।
ମନେ ପକାଇ ଦେଲାପରେ - 'ସେ କେବଳ
ପତ୍ନୀ ନୁହେଁ ତିନିତିନିଟା ପିଲାର ମା',
କଇଁ କଇଁ କାନ୍ଦି ଛାତିର ପଂଜାବୀ ଭିଜାଇଥିଲା।

ମନୀଷା ଆକାଶର ନକ୍ଷତ୍ର।
ପିଲାଏଁ ଯେଝା ବାଟରେ।
ମୁହଁରେ ଗଙ୍ଗାପାଣି ଦେଲାବେଳେ ଫେରିବେ!
ହୁଏତ ଫେରିବେ!!

ସନ୍‌ସନ୍ ଶବ୍ଦରେ ଦେବଦାରୁର କଇଁ କଇଁ।
ଫୁଲମାନେ ମୁଣ୍ଡ ହଲେଇ ପଚାରୁଛନ୍ତି
ସତରେ ଚାଲିଯିବ ?
ଛାତିରେ ଟଣ୍‌ଟଣ୍ ବ୍ୟଥା - ଏତେ ସୁଖଦୁଃଖ ପରେବି
ଘରଟା ଆପଣାର ନୁହେଁ!!

ଯିବାକୁଇ ହେବ। ଯିବାକୁ ହୁଏ।

ଦିନେ ଏଇପରି ପୃଥିବୀକୁ ବି ଛାଡ଼ିବାକୁ ହେବ।
ଛାଡ଼ିବାକୁ ହୁଏ!!

■

ମୋତେ ପୂର୍ଣ୍ଣତା ଦିଅନାହିଁ

ମୋତେ ପୂର୍ଣ୍ଣତା ଦିଅନାହିଁ.....
ତାହାପରେ ଆଉକିଛି ନାହିଁ ଯେ !

ମୋତେ ପୂର୍ଣ୍ଣତା ଦିଅନାହିଁ.....
ପୂର୍ଣ୍ଣତାର ପଥରେ ପଥିକ କରିଦିଅ -
ଅସରନ୍ତି ଚାଲିଥାଏଁ...
ପ୍ରତିଦିନ ହେଉ ଅଭିନବ ଦିନ ।
ପ୍ରତିରାତ୍ରି ହେଉ ଅନନୁଭବ୍ୟ ରାତ୍ରି ।
ପ୍ରତି ସୁଖ ହେଉ ଆଗନ୍ତୁକ
ପ୍ରତି ଦୁଃଖ ହେଉ ଅଭ୍ୟାଗତ ।

ସର୍ବଶେଷ ବିନ୍ଦୁରେ ପହଞ୍ଚାଇ ଦିଅନାହିଁ -
ତାହାପରେ ଆଉକିଛି ନାହିଁ ଯେ !

ଚାଲିଥାଏଁ
କେବଳ ଚାଲିଥାଏଁ
ଅସରନ୍ତି ଗପଟି ପରି -
ଆଜି ଚାଲିଥାଏଁ... ତାପରେ
'କାଲି' 'ଆଜି' ହୋଇଯାଉ...
ଫେର୍ ଚାଲିଥାଏଁ...
ଚାଲିଥାଏଁ....

ତାପରେ
ଚାଲି...
ଥାଏଁ....
ଗୋଦଡ଼ା କୋଡ଼େ ଯେତେ ମାଡ଼େ ସେତେ
ଯେତେ ବାଟ ଆଗେଇ ଯାଉଥାଏ
ସେତିକି ବାଟ ଆଗକୁ ବଢ଼ିଯାଉଥାଉ...

ପଥ ଶେଷକରି ପୂର୍ଣ୍ଣତା ଦିଅନାହିଁ....
ତାପରେ ଆଉକିଛି ନାହିଁ ଯେ...।

■

ବନ୍ଧୁର ଉଦାସ ମନ

ବନ୍ଧୁର ଉଦାସ ମନ ସେ କି ଏକ ରାଜହଂସ
ଯନ୍ତ୍ରଣା ଜର୍ଜର
ମୌନଶୋକେ ଅଧୋମୁଖ
ସଂଗହୀନ ସେ କି ଏକ ବିରହୀ ମରାଳ
ମରିଛି ମରାଳୀ ଯାର ନିଷାଦର ବାଣେ
ମିଥୁନର କାଳେ।
ଅବା ମାନସର ପଥେ ଗମୁଁ ଗମୁଁ
ଭିନ୍ନ କେଉଁ ମରାଳର ଟାଣେ
ଯାଇଛି ମରାଳୀ ତାର ହୃଦୟ ଉଜାଡ଼କରି,
ଅବା କେଉଁ ଏକାକିନୀ ରାଜହଂସୀଠାରେ
ପ୍ରଣୟ ଯାଚନାକରି ପାଇନାହିଁ, ତେଣୁ
ଭଗ୍ନମନ କ୍ଲାଂତପକ୍ଷ ଉଦାସ ମରାଳ
ଜଳିଛି ଯା' ପଦ୍ମବନ ॥

ଅବା ସେ କି ପରଂବ୍ରହ୍ମପରି
ଆପଣାର ଏକାକୀତ୍ୱେ ଆପେ ହିଁ ଶୀକାର
ଆହ୍ଲାଦକ, ଆତ୍ମାରାମ
ତଥାପି ତ ନିତ୍ୟ ଖୋଜେ ଆତ୍ମାର ଦୋସର ॥

ବନ୍ଧୁ ଯଦି ହୁଏ ଏକ ଛାୟାଦାୟୀ
ସ୍ଥିର ବଟବୃକ୍ଷ
ବିପୁଳାଚ ପୃଥ୍ୱୀ ଯେଣୁ -
ଅନ୍ୟ କେଉଁ କ୍ଳାନ୍ତମନ
ହୁଏତ ଅଟକି ତହିଁ
ଆରମ୍ଭିବ ବିଶ୍ରମ୍ଭ ଆଳାପ ॥

ତୁମ ରୋଗଶଯ୍ୟା ପାଶେ

ତୁମ ରୋଗଶଯ୍ୟା ପାଖେ ବସିଯିବି
ନତଜାନୁ ସ୍ନେହାଂଧ ବାବର
'ଦୁଆ' ମାଗିନେବି, ଅନିବାର୍ଯ୍ୟ
ମୃତ୍ୟୁ ତବ କରି ମୋ ନିଜର !
ମୁହୂର୍ତ୍ତେ ନୀରବ ରହ !
କହନାହିଁ 'ଏଇ ଶେଷ' କହନାଇଁ ॥
ଅନାହୂତ ଦାଣ୍ଡେ ଯଦି ଶୁଭିଯାଏ -
'ଆସିଛି ଅକ୍ରୂର ରଥ'-
ଆଉ ଯଦି ତୁମେ ଯାଅ ଚାଲି,
ଭିକ୍ଷା କରିଯିବି ନିଶ୍ଚେ ଦ୍ୱାରୁଁ ଦ୍ୱାର
ଏକଇ ସର୍ଷପ -

ମୁହୂର୍ତ୍ତେ ନୀରବ ରହ
ମୁହୂର୍ତ୍ତେ ମାତ୍ରକ !
ନଚିକେତା-ନିଷ୍ଠା ନେଇ ଭେଟିବି
ଜନ୍ତୁ-ପତିକୁ । ମୁହୂର୍ତ୍ତେ ଅପେକ୍ଷାକର
ଜାଣିନିଏଁ ମୃତ୍ୟୁର ରହସ୍ୟ ।

ମୁହୂର୍ତ୍ତେ ଅପେକ୍ଷାକର
ଅନନ୍ୟୋପାୟ ହୋଇ ନତଜାନୁ ହେବି
ରୋଗଶଯ୍ୟା ପାଶେ ତବ
ସ୍ନେହାଂଧ ବାବର
ପ୍ରାର୍ଥନାରେ ମାଗିନେବି, ଅନିବାର୍ଯ୍ୟ
ଆସନ୍ନ ମରଣ ତବ କରି ମୋ ନିଜର !!

■

ପିତା ଶ୍ରୀ ଯୁଧିଷ୍ଠିର ମହାନ୍ତିଙ୍କ ପ୍ରୟାଣରେ

ସ-ସେ-ମି-ରା

ଜାଣିଥିଲ !
ଯେ ଦୁଃଖସବୁ ଆସନ୍ତି ଏପରି ?
ତୀର୍ଥକାକ ମନ ସୁଖ ଓର ଉଣ୍ଟୁଉଣ୍ଟୁ
ଦୁଃଖ-ଚର୍ଯ୍ୟା କରିବସେ ?
ଆଗହୁଁ କହିଲ ନାହିଁ ? ବନ୍ଧୁଦ୍ରୋହୀ !
ଆଗହୁଁ କହିଲ ନାହିଁ ଭେଦକଥା ?

ଏବେ ନିଶାର୍ଦ୍ଧରେ ଜନପ୍ରାଣୀ ଅଚେତନ
ବିଶ୍ୱାସର ନିଘୋଡ଼ ନିଦରେ ଅଚେତ ମୁଁ
ଯେତେବେଳେ ବନଭୂମି ଦିନକର
କର୍ମପରେ ବିଶ୍ରାମ ବିଳାସୀ
ଧୀରେ ମୋତେ ଦେଇଦିଅ ବୃକ୍ଷତଳ ମରଣ ମୁହଁକୁ !!

ମିତ୍ରଦ୍ରୋହୀ !
ନଖେ ଚିରି ଲେଖିଦେବି ତୁମର ଜିଭରେ
ପାର୍ଷଦ ପରିଜନଙ୍କ ପ୍ରଶ୍ନପୁଣି
ରାଜା ରାଣୀ ଜେମାଙ୍କ ପଶ୍ନରେ
କେବଳ ଘୋଷିବ ତୁମେ
'ସ-ସେ-ମି-ରା'। ନିରନ୍ତର 'ସ-ସେ-ମି-ରା'।
ଚିହ୍ନାଇ ଦେବିକି ଜନପଦେ
ଭଲକରି ଦେଖ ମୋର ମିତ୍ରର ବଦନ !

କିନ୍ତୁ କେଉଁ ଅତଳରେ
ଅନାହତ ଜଳେ ଏକ କୋମଳ ଆଲୋକ
କ୍ଷମାସ୍ନିଗ୍ଧ ପ୍ରୀତିମୁଗ୍ଧ
ତମସାରୁ ତମକୁ ଆଣିବା ପାଇଁ
ଆଲୋକକୁ ଓ ତୁମର ଜିଭଚିରି ମିତ୍ର !
ତେଣୁ ଆଉ 'ସ-ସେ-ମି-ରା'
ଇହଜନ୍ମେ ଲେଖାହେଲା ନାହିଁ !!

■

'ସ-ସେ-ମି-ରା' ଏକ ଜନପ୍ରିୟ ଲୋକକାହାଣୀ

ଗୋଟିଏ ସହଜ ମୃତ୍ୟୁ

ଆକାଶରେ କାମିକା ସୂରୁଜ ଯାଏ
ଏକମନେ ପଛିମକୁ ମୁହିଁ
ବାରୁଣୀ ଦିଗନ୍ତ କାହିଁ କେତେଦୂରେ।
ପୃଥିବୀର ଗଛମାନେ ଖରା ପୋହୁଁଛନ୍ତି।
ପବନର କେନ୍ଦରାରେ
ମହୁମାଛି ମିଳାଉଛି ସୁର।
ସାଜିସୁଜି ଛଇଳ ପରଜାପତି ବାହାରିଛି ବଗିଚ୍ଚ ବିହାରେ,
ଫୁଲମାନେ ଛନଛନ, ସୁଖରେ ଅଧୀର ॥

ମନ୍ଦିରରେ ଘଣ୍ଟାବାଜେ।
ଚନ୍ଦନ ସିନ୍ଦୂର ଚୁଆ ନାରିକେଳ ହାତେ
ଦେବାର୍ଚ୍ଚନେ ଚାଲିଯାଏ ବଧୂଟିଏ,
ଲୋଟାଇ ରଙ୍ଗଣୀ ଶାଢ଼ୀ।
ଚାଟଶାଳୀ ଗହଳ ମୁଖର।
ଗର୍ଭିଣୀ ଗାଈଟି ଗଡ଼େ ଅଳସ ଗତିରେ।
ରାନ୍ଧୁଣୀ ଗାଧୁଆ ତୁଠେ ଛିଡ଼ିନି ବିଚାର ॥

ଏଣେ କିଏ ଚାଲିଗଲା
ଏତେବେଳେ ଏତେ ସୁଖ ଛାଡ଼ି ?
କୋକେଇ ଆଗେଇନିଏ 'ରାମନାମ ସତ୍ୟ'ର ଚହଲ
ଥମକାଇ ପବନ ଓ ପ୍ରଜାପତି, ଫୁଲ ଓ ଭ୍ରମର,
ମୂକକରି ଚଟଶାଳୀ,
ସ୍ତବ୍ଧକରି ତୁଠ କୋଳାହଳ
କିଏ ଚାଲିଯାଏ ଏତେବେଳେ ?
ପୃଥିବୀରେ ଏତେ ସୁଖ ଏତେ ଶାନ୍ତି
ମାୟା ସ୍ନେହ ଡୋର
କିଏ ଗଲା ସବୁକିଛି ଠେଲିଦେଇ ?
କ'ଣ ଭାବି ଗଲା ? ବୁଲିଗଲା କିବା ଆଉ
ସେ ପୁରକୁ ଦି ଦିନ ଅତିଥି ହୋଇ
ଯଥାକାଳେ ଫେରିବ ସେ ପୁଣି
ଉତ୍ସବ ମୁଖର ଏଇ ଧରିତ୍ରୀ କୋଳକୁ ॥

■

ଠିକ୍ ଠିକଣା ନାଇଁ

କଣ ଯେ କରିବି ଭାବି
କଣ ମୁଁ କରିଛି
ତାର ଠିକ୍ ଠିକଣା ନାଇଁ
ଠିକ୍ ଠିକଣା ନାଇଁ ତାର
କଣ ଯେ କହିବି ଭାବି
କଣ ଯେ କହୁଚି ମୁଁ
ଠିକ୍ ଠିକଣା ନାଇଁ ॥

ଘରକୁ ବାହାର କଲି
ବାହାରକୁ ଘର !
ଦୃଷ୍ଟିକୁ ଦୂର୍‌ବୀଣ କଲି
ହୃଦୟକୁ
ମୁକୁଳା ଦୁଆର ।
ଯମୁନା ଚଳିଲି ମୁଁ ଯେ
କୁଳଟା ସାଜିଲି
ଦେଖ ନଇଲା ନାଗର ।
କଦମ୍ବକୁଞ୍ଜରେ ବୃଥା
ରାତି ପୋହାଇଲି
ଦେଖ ନଇଲା ନାଗର ॥

ଦୋଷରୁଣୀ ହେଲି ଶେଷେ
ପଥ ହରାଇଲି ।
ନାଗରକୁ ତୋଷିଯାଇ
କୁଳେ କାଳିଦେଲି ।
କୁଳେ କାଳି ଦେଲି ସିନା
ନାଗର ନଇଲା
ହୃଦ ଯାଚି ପ୍ରୀତି ଯାଚି
ସାରହେଲା
ନିନ୍ଦାର ପସରା ॥

ଦେଖ୍ ଦେଖ୍ କେତେ ଯେ ବସିଛି ହାଟ
ଗୋପ ଗାଁ ସାରା
ହଟିଆ ନାଗର ତାର
ଅଷ୍ଟପାଟବଂଶୀ
ତୋଷିଗଲା ।

ନାଗରକୁ ସାତଖୁଣ୍ ମାଫ୍
ମୁଁ ଯେ କୁଳ ହରାଇଲି
ଠିକ୍ ଠିକଣା ନାଇଁ
ମୁଁ ଯେ କଣ କରିବାକୁ ଯାଇ
କଣ କରିଗଲି ॥

■

ସ୍ୱଭାବୋକ୍ତି

ଏଠିତ ଶରତ ତାର ସାଙ୍ଗପାଙ୍ଗ ନେଇ
ପାର୍ବଣ ମୁଡ୍‌ରେ ଅଛି, ଏଠି ନଈ
ହସୁଚି ଓ ଗଛପତ୍ର ବର୍ଷାପାଣି
ନ ପାଇବି ହସୁଚନ୍ତି ମୁରୁକେଇ
ବାଁରେଇ ପଚରୁଛନ୍ତି ଯେ
ଆକାଶରେ, ବତାସରେ, ନଈରେ କି
ବସୁମାତା ଦେହରେ ଦେହରେ
କହ ଦେଖି କାହା ମୁହଁ ଜିକି ଜିକି କରେ।

ମୁଁ ଜବାବ ଦେଲି ତାଙ୍କୁ
ସବୁଠି ମୋ ପ୍ରିୟତମ ମୁହଁ
ଧାରୁଆ ନାକ ତଳକୁ
ଓଷ୍ଠପୁଟେ ଦୁଷ୍ଟ ଦୁଷ୍ଟ ହସ
ଛାତିତଳେ ଅଖଳମାଖଳ ପ୍ରୀତି
ଗର୍ଭଣାର କ୍ଷେତପରି ଟୁଣ୍‌ଟୁଣ୍
ସବୁଠି ତାହାରି ମୁହଁ ସବୁଠି ତା' ହସ
ସବୁଠାରେ ଆୟୋଜନ ତାରି ପାଇଁ
ସବୁଠି ପାର୍ବଣ ଆଉ
ସବୁଠାରେ ଆସନ୍ନ ତା ରାସ।

ସଭିଙ୍କୁ କହିଲି ମୁଁ ଯେ
ଯେଣେ 'ଅନାଇଲେ ପ୍ରିୟ
ଚିତ୍ରପ୍ରାୟ ଦିଶେ
ମୁକୁର ବିମ୍ବ ପରାୟେ ପାଖକୁ ନଆସେ'
କିନ୍ତୁ ଦେଖ ପ୍ରିୟର ଭିଆଣ
'ଯେଉଁଠାରେ ଓହ୍ଲାଇଲେ
ସେଇଠାରେ ତାର ଆଲିଙ୍ଗନ।'

ସବୁଶୁଣି ନଈଏ ହସିଲେ ପୁଣି କ୍ଷେତ ବି ହସିଲେ
ଶରତ୍ ବି ହସିଦେଲା
ଅଗ୍ରଜ କବିଙ୍କ ଶବ୍ଦ ମନେକରି
ଅବିଶ୍ୱାସ କଲା। କହିଲା ଯେ
ପ୍ରିୟ ତୋର କେବଣ ଈଶ୍ୱର !

ବୁଝାଇ କହିଲି ତାଙ୍କୁ
ଶବ୍ଦ କଣ କାହାରି ନିଜର
କଥା କଣ କେବେବି ପୁରୁଣା ହୁଏ
ପୁରୁଣା ହୁଏ କି କେବେ ପ୍ରେମଟି କାହାର।

ଭଲକରି ଚାହିଁଦେଖ ସତ୍ୟରୁ ଦ୍ୱାପର ତ୍ରେତା ଏଇ କଳିକାଳ
ସବୁଠି ଶବଦ ଅଛି - ନାଦବ୍ରହ୍ମ
ସବୁଠି କଥା ଓ ପ୍ରେମ ଏକାପରି ସବୁକାଳେ
ସବୁଠାରେ ମୋରି ପ୍ରିୟତମ
ଆଉ ପ୍ରୀତିରେ ଈଶ୍ୱର ସିଏ
ସବୁଠାରେ ମାୟାଜାଲ ତାର।

■

ସିଲଂ

ଏତେ ସୌନ୍ଦର୍ଯ୍ୟ ଭିତରେ ହଜିଗଲା ଆକାଶର ନାସିକାର ମୋତି
ଖୋଜି ଖୋଜି ମିଳିଲାନି ପାହିଗଲା ରାତି ॥

ଏଠାକାର ଦିନ କେଡ଼େ ସୁନ୍ଦର। ଏଠାର
ସୂର୍ଯ୍ୟୋଦୟ ମହିମାଶାଳୀ ଓ ଦ୍ୱିପ୍ରହର
କ୍ରୋଧ ଜୟୀ ଋଷିଟିଏ ଭଳି।

ଏଠା ଅପରାହ୍ଣ ବଡ଼ ଅମାୟିକ ବଡ଼ ଭଦ୍ର
ଯଦିଓ ପ୍ରତ୍ୟହ
ସଂଧ୍ୟା ହରି ନେଇଯାଏ ତାର ଘରୁ
ସୂର୍ଯ୍ୟର ମାଣିକ
ତଥାପିତ ସଂଧ୍ୟାକୁ ସେ ସହଜରେ ସଂଭାଷଣ କରେ ॥

ଏଠା ରାତି ଲାଜକୁଳୀ ଚୁପ୍‌ଚୁପ୍ ଆସେ।
ସଭିଏଁ ପଶିଲେ ଯାଇ ଯେଝା ଘରେ
ପବନରେ ଆର୍ଦ୍ରକେଶ ମେଲିଦେଇ ବସେ
ସାରାରାତି ମନଭରି ତାରାଫୁଲ ମୁରୁଜ ପକାଇ
ସକାଳ-ପୂଜାର ସବୁ ଆୟୋଜନ ଶେଷେ
ଭୁଆସୁଣୀ ରାତି ତାର କିଏ ଜାଣେ
କେଉଁଠାରେ ପଶେ ॥

ସାରାରାତି ଉଜାଗର ଚନ୍ଦ୍ରମାଟି ପୁରୁଣା କାଳର
ନିରଳସ କର୍ମୀଟିଏ କାମର ମଝିରେ
ଚୁପ୍‌ଚାପ୍ କାକର ଭାଷାରେ ରାତିସହ ଆର୍ଦ୍ର କଥା କହେ
କୋକପକ୍ଷୀ କୁହୁଡ଼ିର ଯାନ ଚଢ଼ି ଘୂରେ
ଓ ସମୟ ଏ ସଭିଙ୍କ ଗହଣରେ
ଯୌବନରେ ଚିରଦିନ ସ୍ଥିର ରହିଯାଏ ॥

ଏତେ ସୌନ୍ଦର୍ଯ୍ୟ ଭିତରେ ହଜିଗଲା
କୁଆଁତରା ଆକାଶର ନାସିକାର ମୋତି
ଖୋଜି ଖୋଜି ମିଳିଲାନି
ପାହିଗଲା ରାତି ॥

■

ମୁକ୍ତିର ଦାସତ୍ୱ

ମୋତେ ଦ୍ରୁମଟିଏ କଲ ନାହିଁ ?
ସୂର୍ଯ୍ୟସହ ଖେଳିଖେଳି
ଦୂର ଦୂରାଂତକୁ ଛାଇ ଫିଙ୍ଗିଫିଙ୍ଗି
ହସୁଥାନ୍ତି ।
ଆଜି ଶାଖାଟିଏ କାଟିଦେଲେ କାଲି
ଶତେକ ଶାଖା ଉପୁଜାଉ ଶାନ୍ତି
ଫୁଲଟିଏ ତୋଳିନେଲେ ସହସ୍ରେକ ଫୁଲ
ଫୁଟାଉଥାନ୍ତି ।
ପକ୍ଷୀଟିଏ କଲନାହିଁ
ପୃଥିବୀକୁ ଡେଣାର ବିଶାଳତାରେ
କ୍ଷୁଦ୍ରକରି ଅଳ୍ପାୟୁଷ ହୋଇ ତୀର୍ଥଯାତ୍ରା ଶେଷରେ
ଫେରି ଯାଉଥାନ୍ତି ।

ବୃକ୍ଷଠୁ ପକ୍ଷୀଠୁ ବଡ଼କରି କଲ ଯେ
ଥରେ କାଟିଦେଲେ ଆଉ ଶାଖା ବା
ଫୁଲ ସୃଜିବାର ସ୍ପର୍ଦ୍ଧା କରି ପାରିବି ନାହିଁ !
ପୃଥିବୀ ତ ଦୂରର କଥା ନିଜ କେନ୍ଦ୍ରକୁ ମଧ୍ୟ
ପ୍ରଦକ୍ଷିଣ କରି ପାରେନା !

ମୋର ପୁଣ୍ୟର ଭାରଞ୍ଚ ଏତେ ବଢ଼ି ଯାଇଥିଲା ଯେ
ମୋତେ ମୁକ୍ତିର ଦାସତ୍ୱ ଦେଇଦେଲ !!

■

ପାରମ୍ପରିକ ବିଶ୍ୱାସ ଯେ, ବହୁ ପୁଣ୍ୟର ଫଳ ହେତୁ ଦୁର୍ଲଭ ମଣିଷ ଜନ୍ମ ମିଳେ ।

ଖବରାଖବର

ଠିକେ ଠିକେ ସବୁ ଜଣାଇଲି
ଏଇତ ଅବସ୍ଥା ଏବେ ପୃଥିବୀର
ଘରେଘରେ ରୋଗଶୋକ ଖାଦ୍ୟାଭାବ ବସ୍ତ୍ରାଭାବ।
ମାଘମାସ ଶେଷେ
ବୃଷ୍ଟିହେଲେ ରାଜାଧନ୍ୟ ଦେଶଧନ୍ୟ।
ଅଥଚ ଏସନ ମାଘମାସ ଅତିବୃଷ୍ଟି କଲା ସର୍ବନାଶ।
'ରବି' ନଷ୍ଟ। ଘରେ ଘରେ ରୋଗ ଭରିଦେଲ।

ପୁଣି ମାସ ଶେଷ ନହେଉଣୁ
ଦରମାର ଶେଷ ରେସନର।
ଘରିଆଡୁ ଟାଣଟୁଣ୍।
ଏ ଭିତରେ ବସନ୍ତ ଆସିବ ଯଦି
ଗ୍ଲାନି ଆଉ ଲଜ୍ୟାର ବିଷୟ ହେବ।
ସଂକ୍ରମିତ ରୋଗଶୋକ ଦୀନତାକୁ ଦେଖି
ସେ' ବା କଣ ଭାବିବ।
ପେଟପାଟଣାରେ ଧନ୍ଦି ହେଉଁ ହେଉଁ
କାହାରବା ଫୁରୁସତ୍ ଅଛି
ଚର୍ଚ୍ଚାକରି 'ଗୁଣ୍ଡକେରୀ' ରାଗ ମେଲିଦେବ ॥
'ସ୍ୱାଗତମ୍' ଲେଖିବ କି ଧର କର୍ପୁର ତାଂବୁଳ ହସ୍ତେ
ଠା'ପାରି ଦେବ - ଜାଗା କାହିଁ ?

ଗଛମୂଳ ଫୁଟପାଥ ବା ଡ୍ରେନ୍‌ତଳ କଚେରୀ ବାରଣ୍ଡା
କିଂବା ଧର ଦାନଛତ୍ର
ଏସବୁତ ସମ୍ରାଟଙ୍କ ଗମ୍ୟସ୍ଥଳ ନୁହେଁ!

ନାନାନୁ କାରଣ ହେତୁ, ପଚାରିଲେ ଯଦି,
ମଣିମା, ମୁଁ କଣ କହୁଥିଲି କି
ନହେଲା ତ ନାହିଁ ସବୁ ବର୍ଷ ପରି
ପିଚକାରୀ ଅବିର ଛିଞ୍ଚାଡ଼ି
ବସନ୍ତର ସମ୍ବର୍ଦ୍ଧନା ନହେଲା ତ ନାହିଁ!
ଗସ୍ତଖୋର ନେତାପରି ଗୁଡ଼ାଏ ଖର୍ଚ୍ଚାନ୍ତ କରି
ସର୍ବସ୍ୱାନ୍ତ ମନୁର ପିଲାଙ୍କୁ
ବସନ୍ତ ଯଦି ଏସନ
ନଆସିଲା ନାହିଁ !

ବସନ୍ତ ଯଦି ଏସନ ନଆସେ ତ ଭଲ।
ଦେଖୁଛ ତ ପୃଥିବୀର ଦେହମନ
କିଛି ଭଲ ନାହିଁ !

■

ସୂର୍ଯ୍ୟାସ୍ତ

ଏକଦା ଅଧୋବଦନେ ମାଗୁଥିଲେ ପୃଥ୍ୱୀଠୁ ମେଲାଣି
ଅସହାୟ ବିକର୍ତ୍ତନ ସମାଗତ ଗୋଧୂଳି ଲଗ୍ନରେ-
ଯେତେବେଳେ ପକ୍ଷୀମାନେ ଦିନମାନ କାମଦାମ ସାରି
ନୀଡ଼ମୁଖେ ଭାସୁଥିଲେ ଆକାଶରେ - ଡେଣାର ଭେଳାରେ ।

ସୂର୍ଯ୍ୟାସ୍ତର ଶେଷ ରଙ୍ଗ ଢାଳୁଥିଲା ମନ୍ତ୍ରପୂତ ପାଣି
ସେସବୁ ପକ୍ଷୀଙ୍କ ଦେହେ; ସେ ପାଣିରେ କ୍ରମେ ସ୍ନାନ-ପୂତ,
ପକ୍ଷୀ ସବୁ ଧରୁଥିଲେ ବହୁବର୍ଣ୍ଣ । ଶୁଭକ୍ଷଣ ସମାଗତ ଜାଣି
ମନସ୍ୱୀ ଆକାଶ ହେଲେ ଦୈନନ୍ଦିନ ଆହ୍ନିକରେ ରତ ।

ଅକସ୍ମାତ ପକ୍ଷୀଟିଏ ଆଉ ସବୁ ପକ୍ଷୀଠାରୁ ଭିନ୍ନ,
ମୋତେ ଦେଖି ଅସ୍ତଗାମୀ ସୂର୍ଯ୍ୟପରି କରୁଣ ବିଷଣ୍ଣ
ନୀରବରେ କହିଗଲା, - ବାହୁଡ଼ାର ବେଳ ଆସି ହେଲା ।
ସୂର୍ଯ୍ୟାସ୍ତର ବେଳ ଏ ଯେ ! ସଜହୁଅ ଅନ୍ଧାର ଘୋଟିଲା ।

ମନେହେଲା ସେ ପକ୍ଷୀର ସ୍ୱର ମୋର ପରିଚିତ ଅତି
ଜନ୍ମାନ୍ତରେ ସୁପ୍ତଥିବା କେଉଁ ପ୍ରିୟ ସୁରର ପ୍ରତୀତି ।

■

୰ ଯୁଧିଷ୍ଠିର ମହାନ୍ତି*

ଦିନେ ମୋର ଅଙ୍ଗେନିଭା ସମସ୍ତ ଘଟଣା
ଆଜି କ୍ରମେ ସ୍ମୃତିହୋଇ ସମୟର
ସ୍ପର୍ଶରେ ମଳିନ।

ଦିନଯାଏ ମାସ ଆସେ ବିତେ ସମ୍ବତ୍ସର।
ତୁମେ ଖାଲି ଫେରନାହିଁ
ଜାଗିରହେ ସ୍ମୃତି ତୁମ ଯିବା ମୁହୂର୍ତ୍ତର।

ତୁମେ ଆଜି କେଉଁଠାରେ
ଖୋଜିଯିବି କେଉଁ ହରପ୍‌ପାକୁ ?
ଦେଖ ଦେଖି ସ୍ମୃତିମାନେ କି ଭୀଷଣ
ଧୂର୍ତ୍ତ ଓ ଚତୁର,
ଜୀବନ୍ତ ତୁମକୁ ନେଇ
ତୁମ ସ୍ଥାନେ ସ୍ଥାପନ୍ତି ନିଜକୁ।

■

* ବାପାଙ୍କ ଶ୍ରାଦ୍ଧ ବାସର

ଜୀବନ ସଙ୍ଗୀତ

ଟିକକ ଆଗରୁ ବରଗଛ ତଳେ
ଅନ୍ଧାରକୁ ଫାଶିକାଠରେ ଝୁଲାଇ ଦେଇଗଲା
ଆଲୋକ ଘାତକ।

ଅଦୂରରେ ମେଘ ସଙ୍ଗେ ଚନ୍ଦ୍ରମାର
ଲୁଚକାଳି ଖେଳ
ଚକ୍ରବାକ ଡାକିଯାଏ।

କୋଳପୁଅ ରାହାଧରି କାନ୍ଦି କାନ୍ଦି
ଦଣ୍ଡେ ହେଲା ଘାଲେଇ ପଡ଼ିଛି
ତାକୁ ତିନିଦିନ ହେଲା ଏକ ଜରି
ପଥିପାଇଁ ହାତରେ କିଛି ନାହିଁ।

ସାତବର୍ଷ ତଳେ,
ଯେଉଁଦିନ ଏ ଘରକୁ ଆସିଥିଲି
ଭୁଆସୁଣୀ।
ପାଦର ଅଳତାଗାର ନ ନିଭୁଣୁ
ତମେ ଗଲ ଚଟକଳେ କାମକରି କଲିକତା।
ଏକୋଇଶି ବର୍ଷ ବୟସ ଏକାଅଶି ପରି
ଅସହାୟ କରି ଦେଉଛି।

ଦି’ ଦିନ ହେଲା ଖାଡ଼ା ଉପାସ।
ଡାକବାଲାକୁ ନିତି ପଚାରି ନିରାଶ।
ତିନିମାସ ହେଲା ଟଙ୍କା ପଠାଇବାର ନାଁ ଧରିଲ ନାହିଁ

ଘରିଟା ଛୁଆଙ୍କୁ କୋଳରେ ପୁରାଇ ଦିନ ବିତା
ନିଆଁକୁ ଅଣ୍ଟିରେ ବାନ୍ଧି।
ଦେହର ଶୋଷ ମନେପଡ଼େନାହିଁ,
ଛାତିରେ ଶୋଷ।

ପେଟ ଡାକୁଚି। ପିଲାଟା ଦେହରେ
ଖଇଫୁଟା ତାତି। ଜଳାବାଟେ
ଜହ୍ନରାତି ଶଙ୍କି ବିଲେଇପରି
ଗଳି ଆସିଛି ବିଛଣା ଉପରକୁ ॥

ଗତକାଲି ସୁରିଆ ଆସିଚି କଲିକତାରୁ।
ତୁମେ ଖରାପ ବସ୍ତିକୁ ଯାଉଚ ଶୁଣିଲି।

ଏ ଘରକୁ ପହିଲି ହୋଇ ଆସିବା ଦିନ
କହୁଥିଲ,
ହଲିଲା ପାଣିରେ ତୋର ଗୋଡ଼ ବାଜିବ ନାହିଁ
ଶାରୀ, ତୋତେ ରାଣୀ କରି ରଖିବି।
ପିଠିର ଶାଢ଼ି ମୁଣ୍ଡକୁ ଗଲେ ପିଠି ଫୁଙ୍ଗୁଳା।

ଏଣେ ଆମର ଏଠି ଏସନ
ବର୍ଷା ନାହିଁ।
ବାରିର କେତେ ମେହନତର ଦି' ମଂଦା
ଶାଗପତର
ଜଳ ଅଭାବରୁ ଜଳି ଗଲାଣି ॥
ବିଛଣା ଉପରୁ ଜ୍ୟୋସ୍ନା ତଳକୁ
ଖସିଲାଣି।
ପିଲାଟା ଦେହରେ ଖଇଫୁଟା ତାତି।
ଆଉ ତିନିଟା ଭୋକରେ ମୋତେ
ଝୁଣି ଝୁଣି ନିଃସାଡ଼ ହେଇ ଶୋଇ ପଡ଼ିଛନ୍ତି

ତମେ କଣ ସତରେ ଖରାପ ବସ୍ତିକୁ ଯାଉଚ ॥ ■

ପୃଥିବୀ ତୁମରିଠାରେ ଶେଷ ନହୋଇ

ତୁମେ ଅକାରଣ ମୋପାଇଁ ବିମର୍ଷ ହୁଅ ନାହିଁ।
ପୃଥିବୀ ତୁମରିଠାରେ ଶେଷ ନହୋଇ
ଆଗକୁ ଲମ୍ବିଛି ॥

ଘରକରଣାର ଖେଳକୁ ଧୂଳିରେ ଲୋଟାଇ
ବିଦାୟ ଦେଇ ହାତ ହଲାଇଲା ବେଳେ
ଛାତିରେ ଦୁଃଖ ଜଳିଉଠେ
ବେଦନା ଫୁଟିଯାଏ କଣ୍ଠାହୋଇ।
ସମୟ ମଲମ ହୋଇସବୁ
ପୁଣି କାଢ଼ିନିଏ।
କ୍ରମଶଃ ଫିକାହୋଇଯାଏ ଖେଳଘରର ସ୍ମୃତି ॥

ଜୀବନ ଖେଳଘର ନୁହେଁ
କିନ୍ତୁ ଖେଳଘରଠାରୁ କଣବା ଅଲଗା ?
ନିତି ଭଙ୍ଗାଗଢ଼ା ଲାଗିରହିଛି।
ଭାଙ୍ଗିଲେ ବୁଝିହୁଏ ମୁଁ ବଞ୍ଚିଛି।
ଗଢ଼ିଲେ ବୁଝିହୁଏ ମୁଁ ବଞ୍ଚିଛି ॥

ତମେ ଅକାରଣ ମୋପାଇଁ ବିମର୍ଷ ହୁଅନାହିଁ।
ସୁଖଦୁଃଖ ତୁମକୁ ଚକ୍ରାକାରେ ବେଢ଼ି ବଂଚି ରହନ୍ତି ନାହିଁ।
ପୃଥିବୀ ତୁମରିଠାରେ ଶେଷ ନହୋଇ
ଆଉରି ଅନେକ ଆଗକୁ ଲମ୍ବିଛି ॥

■

ମୁଁ ସଦା ଅମର ରହେଁ

ମୁଁ ସଦା ଅମର ରହେଁ ମୃତ୍ୟୁରେ ବି ॥

ମୃତ୍ୟୁ ବା କଣ ଆଉ -
ପ୍ରଶାନ୍ତ ପହଡ଼ ଏକ ସୁନୀଳ ସୁନିଦ୍ରା
ଜନ୍ମର ବା ଅର୍ଥ କଣ -
ପହଡ଼ ଭାଙ୍ଗିବା ଖାଲି ।
ଜୀଇଁବା ବା କଣ -
ଚାଲିଯିବା ଉଜ୍ଜ୍ୱଳ ରହସ୍ୟ ଠାରୁ
ଶ୍ୟାମଘନ ରହସ୍ୟାନ୍ତରକୁ ॥

ସବୁ ଯିବା ଆସିବାରେ ମୁଁ ସଦା ଅମର ରହେଁ ॥

ମୁଁ ସଦା ଅମର ରହେଁ ନିତ୍ୟକାଳ
ଆତ୍ମା ପରମାତ୍ମା ରୂପବହି
ନିଦ୍ରାରେ ବା ଜାଗୃତିରେ
ମୁଁ ସଦା ଅମର ରହେଁ
ମୃତ୍ୟୁ ଜନ୍ମ ଜୀବନ ମଝିରେ
ନିତ୍ୟକାଳ ଧରି ।

ମନିକା ପ୍ରିୟସଖୀ

ମନିକା,
ପ୍ରିୟସଖୀ
ଢେର ଦିନପରେ ଏ ଚିଠି।
ରାଗୁଛ କି ?

ଦେଖ ବସନ୍ତରେ
ରାଗରୋଷ ଭଲନୁହଁ,
ସବୁ କ୍ଷମା କରିଦେଇ
ବାଂଧବୀକୁ ଛାତିକୁ ଟାଣି
ନବାର ଏ ଋତୁ,
ଏତେବେଳେ ରାଗରୋଷ
ଠିକ୍ ହବନାଇଁ।
ଦେଖ, ତୁମପାଇଁ
ଅଫେନକ ଚିଠି,
ବସନ୍ତର ତୁରନ୍ତ
ପହଞ୍ଚିବାର ବାର୍ତ୍ତା
ଜଣାଇ। ଏଠି।

ପାଗ ଭଲ।
ଗଛରେ ବଉଳ

ଡାଳରେ କୋକିଳ
ଶାଖାରେ ଫୁଲ
ଓ ଶାଖାରେ ଫଳ
ଆଉ ଲାଲଗୁଲାଲ ଦୋଳ-
ଏଠି ସବୁ ଭଲ
ସବୁ ଏଠି ଭଲ ।
ଠାକୁରଙ୍କ ମେଳଣ
ଓ ପ୍ରାଣର ମିଳନ ।

ସଖୀ,
ତୁମ ସଖାସହ ଦୋଳରେ
ହୋଲିଖେଳ ଜମିଥିବ
ହାତର ରଙ୍ଗ ମନରେ
ଲାଗିଯାଇଥିବ ଯେ ଥିବ
ଯେତେ ଧୋଇଲେ
ଛାଡୁ ନଥିବ ॥

ଦକ୍ଷିଣ ମେଲା ମନ୍ଦିରେ
ମଳୟର ଶିରି ଶିରି
ଓ ସ୍ୱାମୀ ଭୁଜ ପଞ୍ଜରେଣ ଥାଇ
କି ସ୍ୱପ୍ନରେ ମସ୍‌ଗୁଲ ଥିବ
ଯେ ! !
ଝରକା ପାଖରେ ଥିବ
ମଲ୍ଲୀଫୁଲର ବାସ୍ନା
ଥିର୍ କରି ପଶିଆସି
ଛୁଇଁ ଦଉଥିବ ।

ମନିକା,
ଛାତିରେ ଛନକା

ପଶିଗଲା କି -
ରାତିପାହିଯିବ
ଚନ୍ଦ୍ର ଘୁଞ୍ଚିଯିବ
ଦୋଳ ସରିଯିବାର
ଭୟରେ ?

ସଖି,
ଭୀତି କାହିଁକି ?
ଦୋଳ ଏଇପରି ଆସୁଥିବ, ଆ....ସୁଥିବ
ମନରେ ବସନ୍ତ ଥିବାଯାଏଁ।

ଏଠିସବୁ ହାଲଚାଲ ଭଲ
ଓ ତୁମର ଭଲମନ୍ଦ ଖବରର
ଅପେକ୍ଷା ରଖି
ପ୍ରୀତିସହ
ତମର ପ୍ରିୟସଖୀ।

■

ବାନ୍ଧବୀ ଶ୍ରୀମତୀ ମନିକା ଦାଶଙ୍କୁ....

ସାମାଜିକତା

ନିତି ମୋ ଭଗ୍ନାଂଶମାନେ ବେଶବାସ ହୋଇ
କେଉଁଠି ସାଜନ୍ତି ରାଜା, ପାତ୍ରମିତ୍ର, ଦସ୍ୟୁ ବା ବିବେକ
କାହିଁ ବା ସାଧବ ପୁଅ, ମନ୍ତ୍ରୀ ଝିଅ, ରାଣୀ, ରାଜକନ୍ୟା
କାହିଁ ବା ଭିକାରୀ କାହିଁ ଦୟାବାନ ସମାଜ ସେବକ।
ଅଭିନୟ କରିଯାନ୍ତି ନିରଳସ ଅନ୍ୟ ଭୂମିକାରେ
ଚରିତ୍ର ସାଜନ୍ତି ନିତି କେଉଁ ଦୀର୍ଘ ନୂଆ ଟ୍ରାଜେଡ଼ିର।

ଏଣେ ମୁଁ ଚଳଇ ବୋହି ସ୍ମୃତି ପୀଡ଼ା, ଅପବାଦ, ପରଂପରା ପିତୃଋଣ ପରି
ଅଭିନୟ କାଳେ ରଖି ବ୍ୟକ୍ତିଗତ ସୁଖ, ଦୁଃଖ, ଗ୍ଲାନିର ସମ୍ଭାର
ନେପଥ୍ୟରେ। ଦିବସାନ୍ତେ ନିଜଠାକୁ ଯେବେ ଯାଏଁ ଫେରି
ସେମାନେ ପୁନଶ୍ଚ ଆସି ମୋ ଉପରେ ହୁଅନ୍ତି ସବାର।

ତାହାପରେ ନିଭୃତରେ ନିଜ ମୁହଁ ନିଜେ ନିରେଖିଲେ
ଜଣାଯାଏ ସବୁକିଛି ଶୂନ୍ୟ, ସ୍ତବ୍ଧ ସବୁ କୋଳାହଳ
ସମୟ ଅଟକି ରହେ ତୁମେ ଚାଲିଯିବା ଦିନଠାରେ
ମୁଁ କ୍ରମଶଃ ଜଳିଯାଏଁ ସାଥେ ବୋହି ଅପବାଦ ଦୁଃଖ ଗ୍ଲାନି ପିତୃ ଋଣ ଭାର।

■

ରୂପକଥା

॥ ୧ ॥

ସାତତାଳ ପାଣିତଳେ ଚଉଦତାଳ ପଙ୍କ
ଚଉଦତାଳ ପଙ୍କତଳେ ସୁନାର ସିନ୍ଦୁକ।
ଫରୁଆ ଗୋଟିଏ ଅଛି ସିନ୍ଦୁକ ଭିତର
ତହିଁରେ ବସିଛି କଳାଘୁମର ଭଅଁର।
ଭଅଁରକୁ ଜଗିଅଛି ବୁଢ଼ା ଅଜଗର
ରାଜାଝିଅ ମନଅଛି ଭଅଁର ଭିତର।

॥ ୨ ॥

ଅଜଗର ମାରି ଯିଏ ଭଅଁର ଧରିବ
ତିନିବାର ସତ୍ୟ ତେବେ ମନ ତାରି ହବ।

॥ ୩ ॥

ଭଅଁର ଭିତରେ ଜାଣି ରାଜାଝିଅ ମନ
ରାଜାପୁଅ କରିଗଲା ଭଅଁର ସଂଧାନ।

|| ୪ ||

ଚତୁର କୁମର କିବା ଷଡ଼ଯନ୍ତ୍ର କଲା
ବାର ହାତ ଖଣ୍ଡା ନେଇ ସାପକୁ ମାଇଲା
ଭଅଁର ଧରିଲା ନେଲା ରାଜାଝିଅ ମନ
କଠଉ ଚଢ଼ି ଉଡ଼ିଗଲା ରାଜାଝିଅ ଥାନ।

|| ୫ ||

ରାଜାଝିଅ ଶୋଇଥିଲା ପଲ୍ୟଙ୍କ ଉପରେ
ସୁନାକାଠି ରୂପାକାଠି ତାର ପାରୁଶରେ
ରାଜାପୁଅ ଛୁଆଁଇଲା ନେଇ ସୁନାକାଠି
ଗହମ ନିଦରୁ ଗଲା ରାଜାଝିଅ ଉଠି।

|| ୬ ||

ବୁଝବୁଝ ରାଜାପୁଅ ଷଡ଼ଯନ୍ତ୍ର କଲା
ଜେମାଦେଇ ସାଥେ ନେଇ କାହିଁ ଉଡ଼ିଗଲା।

■

ଦେଖ ଦେଖୁ ସ୍ମୃତିମାନେ

ଏ ଜୀବନ ଏକ ତୀର୍ଥ ଯାତ୍ରା ।

ଯାରିମଧ୍ୟେ ମୁହୂର୍ତ୍ତର କବିତା ମୋ
ଚିରନ୍ତନତାର ବିମ୍ବ ଖୋଜେ ।
କ୍ଷଣିକର ସାକ୍ଷାତ ଆମର

ଅପ୍ରାପ୍ତି ଓ ପ୍ରାପ୍ତି ଚିନ୍ତା
ଛାୟାଲୋକ ପରି
କ୍ରମଶଃ ସଂଚରିଯାଏ କେନ୍ଦ୍ରମାନି ତୁମକୁ ଓ
ନିଶାର୍ଦ୍ଧେ କରୁଣ କେଉଁ ଉଚ୍ଚାଙ୍ଗ ସଙ୍ଗୀତ ପରି
ସ୍ଥାବର ଜଙ୍ଗମ ଭେଦି ପ୍ରସରେ ବିଷାଦ
ପୃଥ୍ୱୀର କାନ୍ଦୁରା ମୁହଁ
ଓ ପ୍ରକୃତି ବିରହ ବିଧୁର ।

ଦେଖ ଦେଖୁ,
ସ୍ମୃତିମାନେ ମହା ଭୟଙ୍କର,
ମୋତେ କରି ସ୍ଥବିର ବନ୍ଦରଟିଏ
ନିଜେ ପାଲଟି ଯାଆନ୍ତି ଜାହାଜ ଗତିର ॥
ମୁଁ କି ସେଇ 'କ୍ଷଣଟିକୁ' ଧ୍ରୁବ ମାନି
ବିସର୍ଜିବି ସମଗ୍ରଜୀବନ
ମୁହୂର୍ତ୍ତକି କ୍ରମଉତ୍ତରଣେ ହେବ ଚିରାୟତ ॥

ଏଣେ ଦେଖ ବିରହ ଓ ବିଷଣ୍ଣତା ସୁଦୀର୍ଘ ନିଷ୍ଠୁର
ପୃଥ୍ୱୀର କାନ୍ଦୁରା ମୁହଁ ଓ ପ୍ରକୃତି
ବିରହ ବିଧୁର ॥

ଭାରତବର୍ଷ

ବିବ୍ରତ ରାଜା କହିଲେ,
ସେନାପତି ! କାହାନ୍ତି ସେନାପତି ?
ଏ ଭୀଷଣ ସଂକଟକାଳରେ
ସେଇତ କେବଳ ମୋର ଶିରର ମୁକୁଟକୁ
ସିଂହାସନକୁ ସ୍ଥିର ରଖି ପାରନ୍ତି ।

ମନ୍ତ୍ରୀ ମନ୍ତ୍ରଣାଦେଲେ
ବିଚଳିତ ହେବେନାହିଁ, ରାଜାଧିରାଜ,
ସେନାପତି ଥାଉଁ ଥାଉଁ
ଆପଣଙ୍କର ଚିନ୍ତାର କାରଣ ନାହିଁ ।

ପାର୍ଷଦ ମନ୍ତବ୍ୟ କଲେ
ଅତୁଳ ପରାକ୍ରମଶାଳୀ
ଆମର ସେନାପତି ପରି ସେନାପତି ଥାଉଁ ଥାଉଁ
ମହାରାଜ.... !

ରାଜା ସ୍ୱସ୍ତିର ନିଃଶ୍ୱାସ ନେଲେ ।
ସିଂହାସନକୁ ଆଉଜିଲେ ।
ମନ୍ତ୍ରୀ ନିଶ୍ଚିନ୍ତା ହସିଲେ ।
ପାର୍ଷଦ ପୁଚ୍ଛାକଲେ,
ବିଦୂଷକ... ।

ଆତଙ୍କିତ ଊର୍ଦ୍ଧ୍ୱଶ୍ୱାସ ଚର ଜଣାକଲା
ମହାରାଜ, ଶତ୍ରୁ ସିଂହଦ୍ୱାର ବାହାରେ...
   ଓ ଦ୍ୱାରୀର ପ୍ରବେଶ-
   ଅଭିବାଦନ ପୂର୍ବକ କହିଲା
ଛାମୁ, ଶିର ରଖିଲେ ରଖନ୍ତୁ -
ସେନାପତି ଗୃହରୁ ଡଗରା ଫେରି ଆସିଲା....
ଖବର ଆଣିଛି ଛାମୁ...
ଘରଲୋକ ଭିତରୁ ଜବାବ ଦେଲେ
ସେନାପତି ତିନିଦିନ ହେବ
କତରା ଧରିଛନ୍ତି...!!

ଏଥର ବନ୍ଧୁରେ

ଶସ୍ତ୍ରଶିକ୍ଷା ଶେଷ ହେଲା, ଏଥର ବନ୍ଧୁରେ
କୁରୁକ୍ଷେତ୍ରେ ଯିବାର ଆଗ୍ରହ !
କଷ୍ଟେ ସାଧ୍ୟ ଏ ବିଦ୍ୟା ଏଥର
ଋହେଁ ନାହିଁ ତ୍ୟାଗ କରିବାକୁ ଅକାରଣ
ଗୁରୁ ତୁଷ୍ଟି ପାଇଁ ।
ବେଲାଲସେନର ସାଥେ ପରାମର୍ଶକଲି
ସହମତ ହେଲା
ଏଥର ମାନିବାପାଇଁ 'ଶଠେଶାଠ୍ୟେ' ନୀତି ।
ଅଭିମନ୍ୟୁ କହୁଥିଲା ଏଥର ସୁଭଦ୍ରା
ଯଦିବି ପଡ଼ିବେ ଶୋଇ
ସେ ରହିବ ଜାଗି, ବ୍ୟୁହଭେଦ
ମନ୍ତ୍ର ଶିକ୍ଷାପାଇଁ ।

ଏଥର ବନ୍ଧୁରେ !
କୁରୁକ୍ଷେତ୍ରେ ଯିବାର ଆଗ୍ରହ
ଏଥର ତୋ ସହ ମୋତେ
ସହଯୋଦ୍ଧା କର
ବିଳମ୍ବ କାହିଁକି କରୁ ଆୟୋଜନେ
ବନ୍ଧୁବର !
ଗ୍ଲାନି କଣ ଯଥେଷ୍ଟ ହୋଇନାହିଁ
ଭାରତଭୂମିର ? ?

■

ସହଜ ପ୍ରଶ୍ନ

ପୃଥିବୀର ପ୍ରତି ମଣିଷକୁ ଏତେ ଅଲଗା ଅଲଗା
କରି କିଏ ଗଢ଼େ ?
କିଏ କରେ ମଣିଷକୁ ଭିନ୍ନ ସୁଖଦୁଃଖର
କୋଠରୀ ?

ଦୀର୍ଘ ମାସ-ବର୍ଷର ସାନିଧ୍ୟ ସତ୍ତ୍ୱେ
ମନ ମନର ଦୂରତ୍ୱ ଅନତିକ୍ରମ୍ୟ ରହେ କିପରି ?
ଅଜ୍ଞାତ ଭବିଷ୍ୟ ଦିଗରେ ଗଲାବେଳେ
ଏତେ ଝୁଣ୍ଟିବାର ଦୁର୍ଭାଗ୍ୟ ଭୋଗ
କିଏ ଖଞ୍ଜିଦିଏ ?
ଦୀର୍ଘ ବ୍ୟବହାର ପରେ
ନିଜ ଜୀବନ ନିଜର ନହୋଇ କାହିଁକି
ଅନାୟତ୍ତ ରହେ ?
କେଉଁଠାରୁ ମୃତ୍ୟୁ ଆସି ଜୀବନ ଉପରେ
ସ୍ୱାଭାବିକ ଭାବେ ଯବନିକା ଢାଙ୍କିଦିଏ
ଲଳିତ ସ୍ପର୍ଦ୍ଧାରେ ?

କିଏ ଜୀବନକୁ
ଏତେ ବହୁମୁଖୀ କରେ ! ?

ତିନୋଟି କବିତା

॥ ୧ ॥

ବେଶ୍ ଥିଲା ଦିନସବୁ

ଘରଚଟି ପରି ସଦା କୋଳାହଳ ରତ

ବାୟୁ ମତ୍ତ ରହୁଥିଲା ସୁଖର ସଂକୀର୍ତ୍ତନରେ

ଫୁଲର ଭାରରେ

ସୁଖ ଭାଙ୍ଗି ପଡୁଥିଲା ବାରି ବଗିଚାରେ

ସୁଖର ପାଟଳୀ ସ୍ୱର୍ଗେ ଲାଗୁଥିଲା

ମର୍ତ୍ତ୍ୟେ ଲାଗୁଥିଲା

ଥିଲା ଆକାଶ ପୃଥିବୀ ସବୁ ସୁଖେ ଭରପୁର ॥

॥ ୨ ॥

ହଠାତ୍ କି ମନ୍ତ୍ର ପଢ଼ିଲା କିଏ କେଉଁ ଦେଶୁ ଆସି

ଦେଖ, ଇଏ କେଉଁ ଆଶ୍ଚର୍ଯ୍ୟ ଜଂଜାଳ -

ସହାନୁଭୂତି ଦେବାକୁ ଯାଇ ହୃଦ ଦେଇ ବସିଲି ଯେ

ସୁଖର ପାଟଳୀତକ ଝରିଯାଇ

ଶୂନ୍ୟକଲେ ଡାଳ !!

॥ ୩ ॥

ଝଡ଼ କମ୍ପାଇଲା ପରି କଦଳୀ ଗଛରେ

ପ୍ରୀତିର ପୀଡ଼ାରେ ଛାତି ଥରଥର,

ଏ କି ବିପରୀତ,

ସୁଖର ସିଂହାସନରେ ଶୋଭାପାଏ ବରାଭୟ

ଦୁଃଖ ପୁଣି ଏତେଲାଗେ ଭଲ !!

ବିଜନତାର ଗୀତ

ତୁମ ଅଭାବରେ ଚୈତ୍ରର ଶୀର୍ଣ ନଇ
ଆନନ୍ଦର ସ୍ରୋତ ।
ଜୀବନହିଁ ମରଣର ଗୌରୁ ମୁଖବନ୍ଧ ।

ତଥାପି ତୁମର ରାଗ ଓ ବିରାଗ ମୋତେ
ଆଜିବି ନିନ୍ଦିତ କରେ ।
ସର୍ବନାଶର ଅତଳ ଦେଖିବାର ଦୁର୍ବାର
ଆକର୍ଷଣ ମୋ ଭିତରେ
ଜଳେ ପତଙ୍ଗର ଆଲୋକ ଲୋଭରେ ॥

ବାହାରେ ଯୂଥଯୂଥ ଲଘୁ ଅନ୍ଧକାର
ଅନୁଜ୍ଜ୍ୱଳ ପୋଷାକରେ ଜହ୍ନଯାଏ ଅନ୍ଧାରୀ ବିଜୟେ
ତାରାଗଣ କାକୁସ୍ଥ ପ୍ରଜା କି !
ମନ୍ଦବାୟୁ ପରଚର୍ଚ୍ଚା ରତ ।
ଭିତରେ ସମୟ ସ୍ଥିର ମୁହୂର୍ତ୍ତକ ଲାଗି
ମୋରି କବିତାରେ ॥

ମୁହୂର୍ତ୍ତହିଁ ଚିରଂତନତାର ବିଂବ ॥

ହୁଏତ ବା ଏ ମୁହୂର୍ତ୍ତେ ନୂତନାର ପ୍ରେମେ
ମଗ୍ନଥିବ
ଓ ମୋର କବିତା ମୂର୍ତ୍ତ ହେବନାହିଁ ଜାଣେ
ନୈଶ ଆସରରେ
ଦରବାରୀ-କାନାଡ଼ା ଥାଟ୍‌ରେ ॥

ଆଶ୍ଚର୍ଯ୍ୟ ତଥାପି
ଜୀବନର ମ୍ଲାନତା ସତ୍ତ୍ୱେବି
ଅବସଂତେ ବହଇ ବସଂତ
'ଗୁଣ୍ଡକେରୀ' ରାଗ ବି ସଂଚରେ
କୋମଳ ଆଲୋକ ଜାଳି ଗାଢ଼ହୁଏ ଭଲପାଇବା ଓ
ପ୍ରେମ ହୁଏ ସମୁଦ୍ର ଗଭୀର ॥

କିଏ କହୁଥିଲା

କିଏ କହୁଥିଲା ଭଲପାଇବା ସୁନ୍ଦର।

ଜୀବନ ଯଦି ମରୁଟିଏ ହୁଏ, ଜୀଇଁ ରହିବା
ଯଦିହୁଏ ନିରନ୍ତର ବାଲିରେ ଚାଲିବା
ଭଲ ପାଇବା ସବୁଜ ମରୁଦ୍ୱୀପଟିଏ।

କିଏ କହୁଥିଲା ?

- ମନେ ନାହିଁ କିଏ କହୁଥିଲା।
ଖରାପ ଲାଗୁଛି ଯେ ତାକୁ କହିହେଲା ନାଇଁ
ଯେ ଭଲପାଇବା ଥିଓରୀ ନୁହେଁ, ମରୁଦ୍ୟାନ ନୁହେଁ
ମାୟାମୃଗଟିଏ।
ଘରର ମଣିଷକୁ ବାହାରକୁ କାଢ଼ିନିଏ
ମାୟାରେ ମାୟାରେ। ତା'ପରେ ଘର ଓ ବାହାର
ଉଭୟକୁ ଉଜାଡ଼ କରିଦିଏ।

ତାପରେ ?
ତା'ପରେ ଯୁଦ୍ଧହୁଏ। ବିରହ ରହେ ?
ନିର୍ବାସନ ହୁଏ। ବିରହ ରହେ।
ଅଗ୍ନିପରୀକ୍ଷା ହୁଏ। ବିରହ ରହେ।
ସବା ଶେଷରେ କାହାର ପାତାଳ ପ୍ରବେଶ ତ
କାହାର ଏକାକୀତ୍ୱ ମୃତ୍ୟୁ ଅପେକ୍ଷାରେ ॥

ସାରା ଜୀବନ ନପାଇବାର ବ୍ୟାକୁଳତାରେ ତୀରବିଦ୍ଧ
ଅବଶିଷ୍ଟାଂଶ ମୃତ୍ୟୁର ଅପେକ୍ଷାରେ ମ୍ରିୟମାଣ!!
କିଏ ଯେ କହୁଥିଲା ଭଲପାଇବାର ଅର୍ଥ ହିଁ ତ
ପୂର୍ଣତା। ପରିପୂର୍ଣତା।

ଖରାପ ଲାଗୁଛି ଯେ ତାକୁ
କହିହେଲା ନାଇଁ
ଶୂନ୍ୟରୁ ଶୂନ୍ୟଗଲେ ଶୂନ୍ୟ ରହିବାପରି
ଜୀବନର ଅବଶେଷ ରହେ ବିରହର ଶୂନ୍ୟଟିଏ -
ଅଶେଷ ବିରହଟିଏ ରଖିଦେଇ ପୂର୍ବର ଭଲପାଇବା
ପଶ୍ଚିମରେ ଦେହରକ୍ଷା କରେ।

ତାପରେ ?
ଜୀବନ ବୋଲି କିଛିରହେ!!
ନା ମରିବା ବୋଲି କିଛି ରହେ!!

କିଏ କହୁଥିଲା ଯେ...।

ଅଦିନ ମେଘ

କାହାର ଦୟାର୍ଦ୍ର ହାତ
ଆକାଶର କଳସୀରୁ ସିଞ୍ଚିଦେଲା
ମୁନ୍ଦେ ମୁନ୍ଦେ ଜଳ
ସେ ଜଳ ଭିଜାଇଦେଲା ମାଘମାସେ
ସ୍ମୃତି ଆଳବାଳ

ଖନା କହିଯାଇଥିଲେ
ଯଦି ବର୍ଷେ ମାଘମାସ ଶେଷ
ଧନ୍ୟ ହେବ ରାଜା ଧନ୍ୟ ପୁଣି ହେବ ଦେଶ।

ସତ ଦେଖ, କେଡ଼େ ଆଚମ୍ବିତ
ଅଚକିତେ ମାଘମାସେ ବର୍ଷାହେଲା
ପୃଥ୍ୱୀର ଦୟିତ
ବର୍ଷିଗଲା ଓଦାକରି ମାଘମାସ ଧୂଳି
ସେ ଧୂଳି ସହିତ ଗଲା
ସ୍ମୃତି ଦେହୁ ଯେତେସବୁ ମଳି
ଗଜୁରି ଉଠିଲା ନୂଆ ସ୍ୱପ୍ନଟିଏ
ଛନ ଛନ ସବୁଜ ସପନ
ସପନୁ ଓହ୍ଲାଇ ଆସି ଠିଆହେଲେ ପ୍ରିୟତମ
ମୁକୁଳିଲା ନୂତନ ଜୀବନ।

■

ସାଙ୍ଗରେ ନଥିବ ଭାଇ

ଜନ୍ମପୂର୍ବରୁ ତୁବି ଅନ୍ଧାରରେ ମୁଁ ବି
ଜନ୍ମ ମାତ୍ରେ ତୋରବି କୁଆଁ ମୋର ବି
ହାତ କାଟିଦେଲେ ତୋ ରକ୍ତ ଲାଲ ମୋର ବି
ଛାତି ଚିରିଦେଲେ ତୋର କଳିଜା ମୋର ବି
ଜୀଇଁବା ପାଇଁ ତୋର ପେଟପାଟଣା ଦୁଃଖ ମୋର ବି
ଛୁରୀ ମାରିଦେଲେ ତୁ ବି ମଡ଼ା ମୁଁ ବି

ତେବେବି ତୋର ମୋର କହି ଏତେ କଟାଳ କରୁ
ଏତେ ପାତର ଅନ୍ତର
ଏତେ ବଳ କଷାକଷି
ଏତେ ଛୁରୀ ଚଳାଚଳି
ଜମା ବୁଝୁନାହିଁ !

କଥା କଥାକେ ମୋର ଯଦି ଜାହନ ନବୁ
ଆପଣା ଜିହ୍ୱା ଆପେ ଛେଦିବୁ
ବାଟ ଯଦି ଭୁଲି ବସିବୁ
ତେବେ ସାଙ୍ଗରେ ନଥିବ ଭାଇ !!

■

ଏଠାରେ ସମସ୍ତ ଋତୁ

ଏଠାରେ ସମସ୍ତ ଋତୁ ଗତିଶୀଳ ଶରତ ଦିଗରେ
ପ୍ରକୃତି ଚାଲିଛି ଖୋଜି ଚିରାୟତ ସୌନ୍ଦର୍ଯ୍ୟର ଭେଟ
ନଦୀର ପ୍ରବାହ ଏଠି ସାଗରର ଭୁଜବନ୍ଧ ପାଇଁ
ଓ ଆତ୍ମା ଛୁଟିଛି ଏଠି ଅବିରାମ ପାଇବାକୁ ଈଶ୍ୱରଙ୍କ ଭେଟ

ଏଠାରେ ସମସ୍ତ ଋତୁ ପ୍ରକୃତି ବା ନଦୀ ବା ସମୟ
ପ୍ରବାହିତ ଶରତ ବା ସୌନ୍ଦର୍ଯ୍ୟ ବା ସାଗର ଦିଗରେ
ଅପେକ୍ଷାରେ ଏଠି କେହି ସ୍ଥବିର କି ଅଚଞ୍ଚଳ ନୁହେଁ
ଯେ ଯାହା ଲକ୍ଷ୍ୟରେ ଯାଏ ଯଥାରୀତି ଯେ ଯାହା ବାଟରେ

ପୁନଶ୍ଚ ଆନନ୍ଦ ଏଠି ସ୍ଥାୟୀ ଯେଣୁ ଶରତ ସୌନ୍ଦର୍ଯ୍ୟ
ଅବା ସାଗର ଈଶ୍ୱର
ସାଗ୍ରହେ ଅପେକ୍ଷାରତ ଋତୁ ବା ପ୍ରକୃତି ଅବା
ନଦୀ ସମୟର ।

ମୁଁ କିନ୍ତୁ କି ଅଭିଶାପେ ଅପେକ୍ଷାରେ ସ୍ଥିତିଶୀଳ ଚିର
ଋତୁ ନଦୀ ପ୍ରକୃତି ବା ଆତ୍ମାପରି ଭାଙ୍ଗିପାରେ ନାହିଁ
ଆପଣାର ସ୍ଥାଣୁତ୍ୱକୁ । ତୁମେ ବି ନିଷ୍ଠୁର
ଶରତ ବା ସୌନ୍ଦର୍ଯ୍ୟ ବା ସାଗର ବା ଈଶ୍ୱରଙ୍କ
ପରି ଡାକ ନାହିଁ ।

■

କୁହ ତ ଏମିତି ଗୋଟିଏ ଫୁଲର ନାଁ

କୁହ ତ ଏମିତି ଗୋଟିଏ ଫୁଲର ନାଁ -

କୁହତ ଏମିତି ଗୋଟିଏ ଫୁଲର ନାଁ
ଯାହା ନାଁ କହିଦେବା ମାତ୍ରେ ପୁରୁଷଟିଏ ପିତା ହବ ତ
ନାରୀଟିଏ ହବ ମା।
ଯାହାକୁ ଶୁଂଘି ଦେଲେ ମରିଲା ଲୋକ ଜୀଇଁ ଉଠିବ ତ
ଜୀଇଁବା ଲୋକ ପଲକରେ ପାଶୋର ଯିବ
ଦୁଃଖ ଶୋକର ନାଁ।

ଏମିତି ଗୋଟିଏ ଫୁଲର ନାଁ କୁହ ତ,
ଯାହାକୁ ଦେଖିଦେଲେ ଆକାଶ ଗୋଟେଇ ହୋଇ
କୋଳରେ ପଶିବ ତ
ତାରାମାନେ, ଗ୍ରହମାନେ, ଚନ୍ଦ୍ର ଆଉ ସୂର୍ଯ୍ୟମାନେ
ପାଖରେ ବସିବେ ତ
ସ୍ୱର୍ଗ ଆସି ହାତରେ ଖସିବ।

ଏମିତି ଏକ ଫୁଲର ନାଁ କହିଦବ ତ ମିତ,
ସତ କହୁଛି, ଏମିତି ଏକ ଫୁଲ
ଆଣି ଦବାର କଥା ଦବ ତ
ପ୍ରାଣ ସଂପୁଟରେ ସାଇତା ପ୍ରୀତିକୁ ତୁମକୁ ଦେଇ ଦେଇ
ସତ କହୁଛି ମିତ,
ତୁମ ସହ ବସିବି ସଙ୍ଗାତ।

ଭଲ ତ ଥିଲୁ ମୂଢ଼

ଭଲ ତ ଥିଲୁ ମୂଢ଼
କାହିଁକି ପାଣିକୁ ଓହ୍ଲାଇଲୁ
ତତେ କିଏ କହିଲା ବନ୍ଦର ରାସ୍ତାରେ
ଚାଲିବା ଲୋକ ନଈକୁ ଅନା
ନଈରେ ଅକାତ କାତ ପାଣି
ଅନ୍ୟମନସ୍କ ହେଲେ
ପଡ଼ିଗଲେ କଣ ହବ
ତତେ ତ ପହଁରା ଆସେ ନାଇଁ

ତତେ ପହଁରା ଆସେ ନାଇଁ
ମୂଢ଼ କାହିଁକି ପାଣିକୁ ଓହ୍ଲେଇଲୁ
ଘାଟରେ ବି ନୁହେଁ ଅଘାଟରେ
ଗୋଡ଼ ଖସିଗଲେ କଣ ହବ

ତତେ ତ ପହଁରା ଆସେ ନାଇଁ
ଜାଣି ଶୁଣି ଗୋଡ଼ ଖସେଇଲୁ
ପାଣିକୁ ଓହ୍ଲେଇଲୁ, ମୂଢ଼
ଉବୁଟୁବୁ ହଉଥା
ଭଲ ପାଇବା ନାଁରେ
ଢୋକେ ଢୋକେ ଦୁଃଖ ପିଉଥା

ନିଛାଟିଆ ନଈବନ୍ଧ
ଆଉ ସବୁଠି କୋଳାହଳ ଶୁଭୁଛି
ଉବୁଟୁବୁ ହଉଥା ମୂଢ଼
ବିରହରେ ବୁଡ଼ି ଶେଷରେ ମରୁଥା

ତୋତେ ତ ପହଁରା ଆସେ ନାଇଁ
ନଈକୁ ଓହ୍ଲାଇବାର ଦୁଃସାହସ କଲୁ କାହିଁକି
ତା ବି ଅଘାଟରେ !!

■

ଗୋଟିଏ ଦିନାନ୍ତ

ସାତସକାଳେ ଅମାନିଆଁ କିଏ ଦୁଷ୍ଟ ପିଲା
ଆକାଶକୁ ଫିଙ୍ଗିଥିଲା ତା' ମାର ସୁନା କାନରିଂ
ଉତ୍ତାପରେ ଜଳି ଜଳି ଛିଟିକାଇ ଅଜସ୍ର କିରଣ
ଟିକେ ଆଗୁ ପଶ୍ଚିମର ପାପୁଲିରେ
ଖସିପଡ଼ି
କାହିଁ ହଜିଗଲା ।

ପିଲାଙ୍କ ଇସ୍କୁଲ ଛୁଟି ଘଣ୍ଟା ଶୁଣି
ତରତର ଅପରାହ୍ଣ ଘରମୁହାଁ ଚାଲି ଯାଉଁ ଯାଉଁ
ମୁହାଁମୁହିଁ ଆସୁଥିବା ଅନ୍ଧାର ଭଦ୍ରଲୋକଙ୍କୁ
ସୁସନ୍ଧ୍ୟା ଜ୍ଞାପନ କରି
ହାତ ମିଳାଇଲା ।

କାଳିଝିଅ ଜନ୍ମା ଜାଣେନାଇଁ

କେବେ ଯେ ଫୁଲ ଫୁଟିଲା
କାଳିଝିଅ ଜନ୍ମା ଜାଣେ ନାଇଁ।
କେବେ ଯେ ଫୁଲ ଫୁଟିଲା !

ପଡ଼ିଶା ଘରର ବାହାଡ଼ା ଦାନ୍ତ ପିଲାଟି
ସାରାଦିନ ପାଠ ନାଇଁ ଶାଠ ନାଇଁ
ସାରାଦିନ ପିଣ୍ଡାରେ ବସି
ବାଉଁଶରେ କଣ୍ଟା ପିଟି ଟିଣ ଚକ ଲଗେଇ
ଗାଡ଼ି ବନାଏ ଖେଳେ ଚୁପ୍‌ଚାପ
କେବେ ଯେ ତାର ନାକ ତଳ ନିଃଶବ୍ଦରେ
ସବୁଜ ହେଇଗଲା
କାଳିଝିଅ ଜନ୍ମା ଜାଣେନାଇଁ
କେବେ ଯେ ସେ ଖେଳ ଛାଡ଼ିଦେଇ
ଗମ୍ଭୀର ପୁରୁଷଟିଏ ହେଇଗଲା
କେତେବେଳେ ଯେ

କାଳିଝିଅ ଦୌଡ଼ିଯାଇ
ଘର ଭିତରେ ମା, ଖୁଡ଼ୀ, ଭାଉଜ ଆଗରେ
ଅଣନିଃଶ୍ୱାସୀ ହେଇ କହି ପକେଇଲା ଯେ
ଖତଗଦାରେ ପଦ୍ମ ଫୁଟିଛି।

ସେଇ ଯେ ଟିକି ଲତାଟା
କେବେ ଯେ ଲଟେଇ ଯାଇ ଫୁଲଟିଏ ଫୁଟାଇଲା
ଚୁପ୍‌ଚାପ୍ କି ସୁନ୍ଦର...
ମା ଆକଟ କରି କହିଲେ, ଜାଣିବା ଦରକାର ନାହିଁ
ଏତେ ଆଉ ଦାଣ୍ଡରେ ଡେଁନା ତ
ଘରେ ବସ୍
ଆଉ ଘରକୁ ଡାକି ନେଇ ଭାଉଜ କହିଲେ
ଫୁଲ ଫୁଟିବା ଖବର ଆଗରୁ କେହି କଣ ଜାଣିଥାଏ
ହେଇ ଦେଖ

କାଳିଝିଅ ଅନେଇ ଦେଖେତ
ଏତେ ଦିନ କଙ୍କି ଧରୁଥିବା ଆମ୍ବ ପିଜୁଳି
ଘେରାଉଥିବା ଶାନ୍ତ ପୃଥିବୀ
ଅଶାନ୍ତ ହେଇ ଯାଇଚି।
କାଳିଝିଅ ଦେହରେ ବସନ୍ତ ବୋହୁଛି

କେବେଠୁ ?
କେବେଠୁ କାଳିଝିଅ ଜହ୍ନା ଜାଣେ ନାହିଁ ॥

ସ୍ରୋତକୁ କହିଲି

ସ୍ରୋତକୁ କହିଲି, ଏତେ ତରତର କାହିଁକି
ଟିକେ ରହ, ଗପସପ ହବା
ବୋହି ଯାଉଁ ଯାଉଁ କହିଲା,
ସହଳ ନଗଲେ
ସମୁଦ୍ର ସହ ମିଶିବାରେ ଡେରି ହୋଇ ଯିବନି !

ପବନକୁ କହିଲି,
ଏତେ ଅସ୍ଥିର ହ'ନା ତ,
ଥୟଧର, କଥା ଅଛି,
ବହି ଯାଉଁ ଯାଉଁ କହିଲା,
କିମିତି ହବ, ଜଗତ୍ ଥମି ଯିବନି !

ପୃଥିବୀକୁ କହିଲି, ହଲ୍‌ଚଲ୍ ନ ହେଇ
ଠିଆ ହେଲେ କଣ ହୁଅନ୍ତାନି ?
- କିମିତି ଚଳିବ ?
ଦିନ ରାତି ବିଳମ୍ବ ହେଇଯିବନି !

ସମୟକୁ କହିଲି, ଅହରହ ଛୁଟୁଛୁ ଯେ
ଟିକେ ବିଶ୍ରାମ ନେ,
କହିଲା ସାରା ଜଗତ ରହି ଯିବନି
ସମୟ ଖିଲାଫ୍ ହେଲେ ଜଗତ ତିଷ୍ଠିବ !!

ନିଜକୁ କହିଲି... ଦେଖୁଛୁ...
ତୁ'ବି ସାରିପକା - ଆଜି କାମ ଆଜି
ଉତ୍ତର ମିଳିଲା...
ହଁ, ହବତ.... !

ଗରିଲା

ଆଗ ପଛ ଡାହାଣ ବାମରୁ
ଗୁଳି ଛୁଟିଛି ଅବିରାମ
ଅଭ୍ୟସ୍ତ ହାତ ଠେଲି ଦେଇଛି କାର୍ତ୍ତୁଜ
ଆଙ୍ଗୁଳି ଟ୍ରିଗାର ଟିପୁଛି ।
ସବୁଜ ଅରଣ୍ୟାନୀର ନୀରବତା ଗୁଳିବିଦ୍ଧ
ମୃତ୍ୟୁର ଫଳାପରି ତିକ୍ଷ୍ଣ ବାରୁଦର ଝଲକ
ମନେ ପକାଇ ଦେଉଛି -
- ମେଘାୟିତ ଏକ ରାତ୍ରିର ବିଜୁଳି
କଣ୍ଠଲଗ୍ନା ପ୍ରିୟତମା -
ସେଇ ଶେଷ ଗତି,
ଓ ଦେଶ ପାଇଁ ଆତ୍ମୋତ୍ସର୍ଗର ପ୍ରତିଜ୍ଞା !

ସମ୍ମୁଖରେ ପ୍ରସାରିତ ବରଭୁଜ ଭୀମକାନ୍ତ ମୃତ୍ୟୁ
ଆସନ୍ନ ଭବିଷ୍ୟ ପରି
ଯେ କୌଣସି ମୁହୂର୍ତ୍ତରେ ବର୍ତ୍ତମାନ
ପାଲଟି ପାରେ ।
ଜୀବନର ଲଳିତ ବିସ୍ତାର ମଧ୍ୟରେ
ବିଷାଦର ବଂଶୀ-ସଙ୍ଗତ
ଅରଣ୍ୟାନୀର ବିପର୍ଯ୍ୟସ୍ତ ସ୍ତବ୍ଧତା ଭିତରେ
ସୀମାଂତ-ଜୀବନ* ଏକ

ମୁକ୍ତିର ମୁକାବିଲା କରୁଛି -
ଯଦି ଟଳି ପଡ଼େ ବି
ଅମର ହେବ।

ମା'ର ଛାତି ସ୍ଫୀତ ହେବ
ଆପଣା ଗର୍ଭର ଅହଂକାରକୁ ଦେଖି
ଦୀପହସ୍ତ ପ୍ରିୟା ଯଦି ଆସେ
ବୁଝିବ କାହାକୁ ପିନ୍ଧାଇଥିଲା ଭୁଜ-ମାଳ
ଜନ୍ମଭୂମି ଯଦି ମୁକ୍ତ ହୁଏ
ତିଳକ କରି ପିନ୍ଧିବ ଏ ରକ୍ତକୁ -

ଗୁଳି ଛାତିରେ ହିଁ ବାଜିଛି।

* ଜୀଇଁ ରହିବାର ସୀମାରେ ପହଞ୍ଚିଥିବା ବା ମୃତ୍ୟୁମୁଖୀ ଜୀବନ।

ଶେଷ କବିତା

ମୋର ପାପ ପୁଣ୍ୟ ସବୁ ତୁଚ୍ଛ କରି
ହୃଦୟରେ କବିତା ଗୁଂଜରେ।

ମୋର ଖୋଲା ଆଖି ଆଗେ ରାତିଯାଏ ଚାଲି
ସଦର୍ପରେ ହରି ମୋର ନିଦ୍ରା-ଧନ
ସମ୍ମୁଖରେ ଜାଗ୍ରତ ପ୍ରକୃତି
ପତ୍ର-ପୁଷ୍ପ-ତାରାର ମୁକୁଟ ପିନ୍ଧି ବିଚାରକ ପରି
ଆଉ ଘଡ଼ିକେ ମୀମାଂସା ହେବ
ଇହଜନ୍ମ ପାପ ଓ ପୁଣ୍ୟର
ଓ ମୋର ପାପ ପୁଣ୍ୟ ସବୁ ତୁଚ୍ଛ କରି
ହୃଦୟରେ ସମାରୋହ
କବିତାର।

ମୁଁ ତ ନୁହେଁ ଜୟଦେବ କବି
କବିସୂର୍ଯ୍ୟ ଅବା ଉପଇନ୍ଦ୍ର
ଗୀତ ମୋର ମୂର୍ତ୍ତ ହେବ ଲଳିତ ବିସ୍ତାରେ
ଅନ୍ତପୁରେ
ସଭାରେ
ବିଲରେ।

ତଥାପି କବିତାର
ସମାରୋହ
ହୃଦୟରେ।

ଆକାଶର ଦରିଆରେ ଜହ୍ନ-ଡଙ୍ଗା
ନିଃସଙ୍ଗ ନାବିକର ବିପନ୍ନ ନାଆଟି
ଭାସିଯାଏ ମେଘର ମଗ୍ନ ପାହାଡ଼େ
ଧକ୍କା ଖାଇଖାଇ
ଉଜାଗର ହୃଦୟରେ କବିତା କାଗ୍ରତ
ବତୀଘର ଆଲୋକ ବା

ଏ ଜନ୍ମର ଆଜି ଅବା ଶେଷ ଦିନ।

ଏ ଜନ୍ମର ଆଜି ଅବା ଶେଷ ଦିନ।
ଶେଷ ମୁହୂର୍ତ୍ତର ଆଗୁଁ ମୂର୍ତ୍ତ ହେଲା ଯେ କବିତା
ତହିଁରେ ତୁମକୁ ଦେଲି ସ୍ଥାନ।
ଆଜି ରାତି ବିଚାରର ରାତି
ତୁମର ବିଶାଳ ପାପ-ପ୍ରତାରଣା-ନଶ୍ୱର ରାଜ୍ୟରେ
ତୁମେ ପଛେ ବସିଥାଅ ସମ୍ରାଟ ପଦରେ
ବିଚାରକ ଆଗେ ସବୁ ତୁଚ୍ଛ ହେବ
ଅମ୍ଳାନ ରହିବ ଖାଲି କବିତା ମୋହର
ଯା'ର ଅଙ୍ଗୀଭୂତ ହୋଇ ତୁମେ
ଅବଲୀଳାକ୍ରମେ ହେବ
ଅଜର ଅମର ॥

ଜାଣେ କ୍ଷମି ଶେଷବେଳେ

ମୋର ଯେତେ ଦମ୍ଭ ମୋହ
ଆକାଶରେ ଉଡ଼ିବାର ଅହଂକାର
ସବୁ କ୍ଷମି ମାଟି ଶେଷେ
ମୋତେ ନେବୁ କୋଳେ ତୋର ।

ଆଜି ଏ ଖର ମଧ୍ୟାହ୍ନେ ରକ୍ତେ ରକ୍ତେ ପ୍ରଖର ଅନଳ
ଧରାକୁ ତୁଚ୍ଛ ବିଚାରି ଉଡ଼ିବାର ଆକାଂକ୍ଷା ପ୍ରବଳ
ଜନ୍ମ କାଳ ଋଣ କଥା ଭୁଲିହୁଏ ଅହଂକାର ସ୍ଥାୟୀ
ପାଦ ତଳ ମାଟି ଦେଇ ଦୁଇ ପାଦେ ସହଜେ ଏଡ଼ାଇ
ଉଡ଼ିବାର ଇଚ୍ଛା ଜାଗେ ରକ୍ତେ ରକ୍ତେ ପ୍ରଖର ଅନଳ
ଅପରିଚିତ ଆକାଶ ମନେ ହୁଏ ମା'ଠୁ ପ୍ରାଣର ।
ଭୁଲି ଯାଏଁ କାଳକ୍ରମେ ଜନ୍ମ କାଳେ ଜନନୀ ଜଠର
ଅନ୍ଧକାରୁ ଠେଲି ହୋଇ ହୋଇଥିଲି ମାତା ପୃଥିବୀର
କୋଳାରୂଢ଼ । ମାତା ଯଦି କାରାବାସୀ କଂସର ଭଗିନୀ
ସ୍ନେହଦେଇ ହେଲା ସହି ବସୁମତୀ ଯଶୋଦା ଜନନୀ ।

ଆଜି ତୋତେ ଭୁଲି ଯେତେ ଦମ୍ଭ ମୋହ ଉଡ଼ିବା ବଡ଼ାଇ
ଜାଣେ କ୍ଷମି ଶେଷ ବେଳେ ମାଟି ଦେବୁ
କୋଳରେ ଶୁଆଇ ।

■

ସହଜ ସଙ୍ଗୀତ

- ପାଷାଣ କାହାକୁ କହି ?
- ମନକୁ କହି। ଅନୁକୂଳେ
ପଥରେ କବିତା କରେ। ପ୍ରତିକୂଳେ
କବିତା ପଥର।

- କବିତା ତା' ହେଲେ କଣ ? ?
- କବିତା ହିଁ ମୂଳ।
ଦେବୀର ପଥର ଛାତି ତରଳି ଯେଉଁଠି
ନଈ ହୁଏ। ନାରୀ ହୁଏ। ସାଧାରଣ ହୁଏ।
ସ୍ନେହେ ଫୁଟେ ପଦ୍ମଫୁଲ। ପ୍ରୀତିର ପାର୍ବଣ।

- ପୁଣି କବିତାହିଁ ପାପ କିନ୍ତୁ !

- ପାପ କଣ ତେବେ ? ?

- ପାପ ରୂପ କବିତାର
ଯେଉଁଠାରେ କାହା କ୍ରୁର ବିଧାନରେ
ନାରୀଟି ପାଲଟି ନିଏ
ଚନ୍ଦନ ସିନ୍ଦୂର ଚୁଆ
ଅସାମାନ୍ୟା ଦେବୀର ଆକାର।

କହୁଛ ତୁମ କାବ୍ୟ

କହୁଛ, ତୁମ କାବ୍ୟ ମୋତେ ଉତ୍ସର୍ଗ କରିବ।
ପ୍ରଥମ ପତ୍ରରେ କହୁଛ ଲେଖି ଦେବ,
'କରପଦ୍ମେଷୁ.....
ଯାହାର ଲଳିତ ହାତର ଉଜ୍ଜ୍ୱଳ
କରଲିପି ଏ କାବ୍ୟ ମାର୍ଗର
ପ୍ରତିଟି ରେଣୁକୁ କରିଛି
ଚିତ୍ରମୟ
ବାଙ୍ମୟ,
ଅର୍ଥମୟ...।'

ଆଗ କହ ଦେଖି,
ତୁମେ ନଥିବା ବେଳେ
ଅମରତ୍ୱ ନେଇ ମୁଁ କରିବି କଣ!?

∎

ଚର୍ଯ୍ୟା

ମୁଁ ତାର ଗୋଟିଏ ଦାନ
ଅସ୍ଥିଦାନ ଯେହ୍ନେ ଦଧିଚୀର ।
ସେ ମୋର ଗୋଟିଏ ପୁଣ୍ୟ
ଫଳଦାନ ଦୀନା ଶବରୀର ।

ସେ ଓ ମୁଁ ଏକ ସନ୍ଧି
          ଜୀବାତ୍ମା ଓ ପରମାତ୍ମାର
ସେ ଓ ମୁଁ ଏକ ପାପ
ପୁଣ୍ୟ ପାପ ଜରତ୍‌କୋଷା ଓ ଋଷ୍ୟଶୃଙ୍ଗର ।

ମୋ ଆତ୍ମାର ଦୋସର ସେ
          ମୁଁ ତାହାର ପରିପୂର୍ଣ୍ଣ ପ୍ରାପ୍ତି ।
ସେ ମୋର ଗାୟତ୍ରୀ ମନ୍ତ୍ର
          ମୁଁ ତାହାର ନିର୍ବିକଳ୍ପ ମୁକ୍ତି ।
ସେ ମୋହର ନିର୍ବାସନ ସ୍ୱେଚ୍ଛାକୃତ
          ମୁହିଁ ତାର ପ୍ରିୟ ଅବହେଳା
ସେ ମୋର ଇପ୍‌ସିତ ଧ୍ୟାନ
          ମୁଁ ତାହାର ପ୍ରିୟ ଜପାମାଳା ।

ସେ ମୋର ପ୍ରିୟ ସାଧକ
ମୁହିଁ ତାର ଭୋରର ଭୈରବୀ
ସେ ମୋର ପ୍ରିୟ ଶବର
ମୁଁ ତାହାର ପ୍ରିୟତମା ଡୋମ୍ବୀ ।
ମୁଁ ତାକୁ ସଯତ୍ନେ ମୋର ବର୍ତ୍ତମାନେ ଗୁନ୍ଥି ରଖିଥାଏଁ
ଏଡ଼ାଇ ଶିଥିଳ ହାତ ସମୟ ଓ ଭ୍ରାନ୍ତ ମନୁଷ୍ୟର
ମୁଁ ତାକୁ ଦିଏନାଁ କେବେ ଅନୁତାପ ସ୍ମୃତିର ଭୂମିକା
ମୃତ ସ୍ଥାନେ ତୁଳସୀ ଗଛର ।

ଦୂରତାର ମଧ୍ୟେ ଆମେ ଚିର ଏକୀଭୂତ
ଏବେ ସେ ତ ବିଷୟ-ଆଚ୍ଛନ୍ନ

ମୁଁ ନଗ୍ର ବାହାରେ ଏଠି ଅପେକ୍ଷାରେ ରତ
ଅନାଗତ କାଳ ଉଦ୍ଦେଶ୍ୟରେ
ଯେଉଁଠି ଆରମ୍ଭ ହେବ ଆମର ସାଧନା
ପରସ୍ପରେ ଲୀନ ହୋଇବାରେ ॥

■

ଭଲ ପାଇବାର ପ୍ରାଣ

ଦେଖିବୁ,
ଦିନେ ରାତି ପାହିଯିବ।
ଭୟଭୀତ ଶିଶୁଭଳି
ତୁନିତାନି ଅନ୍ଧକାର ଶୋଇ ଯିବ ଗିରିକନ୍ଦରାରେ।
ଉଷା ଉକୁଟିବ।
କାକ ଓ କଜଳପାତି ଡାକିଯିବେ।
କୁକ୍କୁଟ ରଟିବ
ରାତିପାହିବାର ସୂଚନାରେ।
'ବାସବ ଦିଗେ ଅଭ୍ରମୂକରିଣୀ
ବିଜନ୍ୟ କରିବ ରକ୍ତପିଣ୍ଡ ଆଣି'
ଜବାକୁସୁମ ସଂକାଶ ସବିତାର ବିଂବ
ଜୀଇଁ ଥିଲେ ଅବଶ୍ୟ ଦେଖିବୁ,
ନିଶ୍ଚୟ ଦିଶିବ !

ଅବଶ୍ୟ ଦେଖିବୁ, ବନ୍ଧୁ,
ପୃଥିବୀରେ ମଣିଷକୁ ମଣିଷର
ଭଲପାଇବାର ପ୍ରାଣ
ଉଜ୍ଜ୍ୱଳ ଦିଶିବ।

■

ପ୍ରତିବଦଳରେ କିନ୍ତୁ....

ଅମୃତକଣାରୁ ଭାଗ ନଦିଅ,
ତାହା ତ ମୋର ପ୍ରାର୍ଥନା ନୁହଁ।
ମୃତ୍ୟୁରେ ଅମରତ୍ୱ ନଦିଅ ମୋତେ
ତାହା ମୋର କାଂକ୍ଷିତ ନୁହଁ।

ଜୀବନ ଓ ମୃତ୍ୟୁର ଅନ୍ତର୍ବର୍ତୀ ସମୟରେ
ସୁଖର ହରିତ୍ କଣା - ରୂପ, ରସ, ଗନ୍ଧର
ସନ୍ଧାନ ନଦିଅ ମୋତେ,
ତାହା ମୋର ଇପ୍‌ସାର ଧନ ନୁହେଁ।
ଅନନ୍ତ ସମୟକୁ ମୋର କାଢ଼ିନିଅ,
ଅଭିଯୋଗ କରିବି ନାହିଁ!

ପ୍ରତିବଦଳରେ କିନ୍ତୁ ନିଭୃତ ମୁହୂର୍ତ୍ତଟିଏ ଦିଅ ମୋତେ
ମୋର ସମସ୍ତ ସଫଳତା, ବିଫଳତା
ନିନ୍ଦା-ପ୍ରଶଂସା, ଲବ୍‌ଧ-ଅଲବ୍‌ଧ ସବୁ କିଛି ସହ
ଥରେ ମୁହାମୁହିଁ ଘନିଷ୍ଠ ହେବାର
ସୁଯୋଗଟିଏ ଦିଅ!

ଜଓ୍ୱାନ

କୁଳଭୂଷଣ,
କଚ୍ଛ କଚ୍ଛ ଭାତୃହତ୍ୟା, ଗୃହଦାହ ଓ
ବନ୍ଧୁ-ଲୁଣ୍ଠନର ନପୁଂସକତା ପରେ
କେଉଁ ଦେବତାର ଆଶୀର୍ବାଦ ପାଇ
ନବଜୀବନ ଓ ଯୌବନରେ ଝଲସି ଉଠୁଛି
ତୁମ ଖଡ୍‌ଗ।

ଶତ୍ରୁଜିତ,
ଉତ୍ତର-ପଶ୍ଚିମରେ ଭୀଷଣ ଶତ୍ରୁ
ତମର କବାଟଫାଳ ଛାତିରେ ଦଧିଚୀ ଓ ଇଂଦ୍ର

ବୈରୀଗଞ୍ଜନ,
ସବୁ ସଧବାର ସିନ୍ଦୂର ପଣ ରଖି
ସବୁ ପିତା ଓ ପୁତ୍ରର ଆୟୁଷ
ଗ୍ରହଣ କରି
ତୁମେ ମୃତ୍ୟୁଞ୍ଜୟୀ ହୁଅ!!

କବିତା

ଅଳ୍ପସ୍ୱଳ୍ପ
କିଛି ଚିତ୍ରକଳ୍ପ
କିଛି ଉପମା ରୂପକ ଦେଇ
ଜୀବନର ଦୁଃଖେ ସୁଖେ ନେଇ
ସାଦାସିଧା କବିତା ଲେଖଇ ।

ବୃଥା ତହିଁ ଖୋଜନାହିଁ ଗଳ୍ପ
କଳ୍ପନାର । ତୁମେ ଆମେ ଜଣେ ଜଣେ
ମୂର୍ତ୍ତିମନ୍ତ ଗଳ୍ପ । ତେଣୁ ଅଳ୍ପସଳ୍ପ
କିଛି ଚିତ୍ରକଳ୍ପ ଦେଇ
ଜୀବନର ସୁଖେ ଦୁଃଖେ ନେଇ
ସାଦା ସିଧା କବିତା ଲେଖଇ ।

କବିତା ମୋ ପରିଚ୍ଛନ୍ନ ଗୋଟିଏ ଆଲପନା
ତୁମ ଆମ ଜୀବନର ନବ ସଂଭାବନା ॥

■

ଆକାଶ ପଥରୁ ପୃଥିବୀ*

ସେ କେଉଁ ଖିଆଲୀ ଶିଳ୍ପୀ
ପିଲାପରି ଖେଳିଛି ବା ଚମତ୍କାର ଖେଳ
ଆକାଶୀ ଯାନର ଦେହୁଁ
ତା ଶିଳ୍ପର ମାୟାମୟ ଲୀଳା
କି ଅପୂର୍ବ ଶୋଭାକାର -

ତଳେ ନୀଳ ନଈର ଆଲେଖ୍ୟ
ତିସ୍ତା, ମେଘନା, ପଦ୍ମା
ଶ୍ୟାମଘନ ନୀଳା ଚକ ଚକ
ଛୋଟ ଛୋଟ ଗାର ପରି ଅଙ୍କାବଙ୍କା
କେଉଁ କୁନି ଶିଳ୍ପୀର ତୁଳୀରେ
ବିସ୍ତାରିତ। ଏ 'ସୁନ୍ଦରବନ'
ହର୍ଷୋତ୍‌ଫୁଲ୍ଲ ଶ୍ୟାମ ଶୋଭାବନ।
ବିଲମାନ କୁନି କୁନି ପଶାପାଲି ଘର
ନୀଳ ଓ ସବୁଜ ମାଖି ମାୟାମୟ
ଅପୂର୍ବ ସପନ।

ଘରମାନ ଖେଳଘର ଦିଆସିଲି ବାକ୍‌ସ
ସଜାସଜି ପୁଣି ଅସମାନ।
ସେ କେଉଁ କୁନି ଶିଳ୍ପୀର ଅସଜଡ଼ା ସୁନ୍ଦର ସପନ।

ବ୍ୟୋମଯାନ ଉଡ଼ିଯାଏ ତୁଳାପରି ମେଘ ଖଣ୍ଡ କାଟି
ପାରିହୋଇ, ଠେଲି ଠେଲି, ଡେଇଁ ଡେଇଁ
ପହଁରି ପହଁରି ବିଚିତ୍ର ମେଘମାନଙ୍କୁ
ପୌରାଣିକ ଚଳଚିତ୍ରେ ଦେବ ଦେବୀ
ଅନାୟାସେ ମେଘ ଦେହେ ଭାସିଗଲା ପରି
ଭାସିଯାଏ ବ୍ୟୋମଯାନ।

ନିମ୍ନେ ଏକାକାର
ନଦୀ ଓ ସମୁଦ୍ର ରଙ୍ଗ ଆଉ ରଙ୍ଗ
ଶ୍ୟାମ ବନାନୀର।
ଅଦୂରରେ ବଙ୍ଗୋପସାଗର
ଆଉରି ଦୂରରେ କ୍ରମେ ପ୍ରତିଭାତ ହୁଏ
ପ୍ରାଚୀନ 'କଳାପାଣି'ର ବିମାନ ବନ୍ଦର।

ଆକାଶରୁ ପ୍ରିୟ ପୃଥ୍ୱୀ ଏଡ଼େ ଶୋଭାକାର।
ସେ କେଉଁ ଖିଆଲୀ ଶିଳ୍ପୀ ବଜାର ସଜାଇ ଅଛି
ସାକ୍ଷାତ୍ ସ୍ୱପ୍ନର।

■

*୧୯୮୦,କଲିକତାରୁ ଆଣ୍ଡାମାନ ଯିବାବେଳେ

ବୀରଭୋଗ୍ୟା

ବୀରଭୋଗ୍ୟା ବସୁନ୍ଧରା।

ମୁଁ ନିଜେ ହିଁ ବସୁଧା।
ବସୁଧା ହେଲେ ହେଁ
ସବୁବେଳେ ଶୌର୍ଯ୍ୟରେ ସୁଲଭ ନୁହେଁ।

କୃଷିକାରୀର କର୍ଷଣରେ ବସୁଧା ସଫଳା
ଅନାହ୍ଲାଦିତ କର୍ଷଣରେ ବିମୁଖ ମୁଁ।

ଜାଣକି ?
ମୋଠି ହୃଦୟ ନାମକ ମହାର୍ଘ ପଦାର୍ଥଟିଏ ଅଛି
ଯାହା ପାଇବାକୁ ହେଲେ ତପସ୍ୟା ଦରକାର।
ଅନୁରାଗର ମନ୍ତ୍ର ଜପି ସାଧିବାକୁ ପଡ଼େ ସେ ତପ।

ପାରିବ ସେ ମନ୍ତ୍ରର ଅଧିକାରୀ ହୋଇ
କେଶବ ବାସବର ଆଶୀର୍ବାଦ ବଳରେ ? ?

ଆଶା ସେତ ବାରନାରୀ

ଆଶା - ସେତ ବାରନାରୀ ଭୁବନମୋହିନୀ
ଟଳମଳ ପଦ୍ମପତ୍ର ନୀର।
ସୁଖର ଲୋଭ ଦେଖାଇ ମଝିଦରିଆରେ
ନେଇ ବୁଡ଼ାଏ ଭେଳାକୁ।
କସ୍ତୁରୀ ମୃଗ ସମାନ ନିଜ ଶତ୍ରୁ ସଜାଏ ନିଜକୁ।

ଦୁଃଖ ସତୀ ସହଗାମୀ ହୁଏ
କହି ଦିଏ ତାହାବିନା କୃଷ୍ଣପ୍ରାପ୍ତି ସୁଦୂର ଦୁର୍ଲଭ।
ହୃଷିକେଶ ସମ ସେତ ହୃଦୟରେ ସ୍ଥିର ସନାତନ
ଏ ଜୀବନ ଯେତେ ଦିନ ଦୁଃଖ ସହଯାତ୍ରୀ
ସେତେ ଦିନ।

ତୁମେ ସୁଖ
ତୁମେ କ୍ଷଣସ୍ଥାୟୀ।
ତୁମର ଅପ୍ରାପ୍ତି ଦୁଃଖ
ସହଯାତ୍ରୀ ଚିର ସ୍ନେହମୟୀ।

ସୁହୃଦ୍‌, ସବୁଦ୍ୱାର..

ସୁହୃଦ୍‌, ସବୁ ଦ୍ୱାର ବନ୍ଦ କରି ଦେଲ !

ପୃଥିବୀ ପଟର ଝରକାଟା ଖୋଲିଦିଅ,
ସ୍ନେହପ୍ରୀତି ଆସୁ,
ବଞ୍ଚିରହିବାର ପ୍ରେରଣା !
ଆକାଶ ପଟର ଝରକାଟା ଖୋଲିଦିଅ
ଟିକିଏ ପବନ ଆସୁ,
ମୁକ୍ତିପାଇଁ ଟିକିଏ ଆଲୋକ !

ଦେଖ ଅନ୍ଧକାର ଜରାୟୁରୁ
ଆଲୋକ ପାଇଁ ଆତୁର ହୋଇ
ଧରାବତରଣ କଲା ପରେ
ପୁନର୍ବାର ଅନ୍ଧକାର କିପରି ମୋତେ
ବନ୍ଦୀକରି ନେଉଛି ।

ଅନୁକୂଳ ସମୟ

ଏଇଟି ଉପଯୁକ୍ତ ସମୟ
ଫସଲ ଅମଳ ପାଇଁ
ନୂଆ ଲୁଗା ପଟା ସହ
ଝିଅ ବିଦା ପାଇଁ
ଖଇମୁଆଁ ଧରି
ବନ୍ଧୁ ସଂଖୋଳିବା ପାଇଁ
ଦାନ ଦାକ୍ଷିଣ୍ୟ ମହୋତ୍ସବ ପାଇଁ
ଦିଲ୍‌ଦରିଆ ଲମ୍ବା ହାତଖର୍ଚ୍ଚ ପାଇଁ
ନଗାନାଇଁ ପଘାନାଇଁ ବୁଲିଯିବାପାଇଁ
ପକେଟରେ ଚିରୁଣୀ
ଛାତିରେ ଅତର
ପ୍ରେମରେ ପଡ଼ିବା ପାଇଁ।
ଇଚ୍ଛାକୃତ ଦୁଃଖରେ ବୁଡ଼ିଯିବା ପାଇଁ ॥

ଏଇଟି ହିଁ ଅନୁକୂଳ କାଳ
ସବୁକିଛି ପାଇଁ।
ଥରେ ଯଦି ତଳେଇ ଦେଖିବୁ
ଥକା ମନ!
ଥରେ ଯଦି ତଳେଇ ଦେଖିବୁ
ଏଇଟି ହିଁ ଅନୁକୂଳ ସମୟ
ନିଶ୍ଚିନ୍ତ ହେଇ ମରିଯିବା ପାଇଁ ॥

■

BLACK EAGLE BOOKS

www.blackeaglebooks.org
info@blackeaglebooks.org

Black Eagle Books, an independent publisher, was founded as a nonprofit organization in April, 2019. It is our mission to connect and engage the Indian diaspora and the world at large with the best of works of world literature published on a collaborative platform, with special emphasis on foregrounding Contemporary Classics and New Writing.

www.ingramcontent.com/pod-product-compliance
Lightning Source LLC
Chambersburg PA
CBHW020538080526
44583CB00013B/898